Soziologie

Forum
der Deutschen Gesellschaft für Soziologie

Heft 2 • 2023

Herausgeber im Auftrag von Konzil und Vorstand der Deutschen Gesellschaft für Soziologie:
Prof. Dr. Dirk Baecker (verantwortlich im Sinne des Presserechts)
Redaktion: Prof. Dr. Sylke Nissen und Dipl. Pol. Karin Lange, Universität Leipzig, Institut für
Soziologie, Beethovenstraße 15, D-04107 Leipzig, Tel.: 0341/97 35 648,
E-Mail: soz-red@sozio.uni-leipzig.de (Redaktion) oder dirk.baecker@zu.de (Dirk Baecker)

Vorsitzende der Deutschen Gesellschaft für Soziologie:
Prof. Dr. Paula-Irene Villa Braslavsky, Ludwig-Maximilians-Universität München,
Institut für Soziologie, Konradstraße 6, D-80801 München
E-Mail: paula.villa@lmu.de, Tel.: 089/2180 2441
Geschäftsstelle der Deutschen Gesellschaft für Soziologie:
Marcel Siepmann (Leitung), DGS c/o Kulturwissenschaftliches Institut Essen, Goethestraße 31,
D-45128 Essen, E-Mail: marcel.siepmann@kwi-nrw.de,
Tel.: 0201/1838 138, Fax: 0201/1838 232
Schatzmeisterin der Deutschen Gesellschaft für Soziologie:
PD Dr. Heike Delitz, Universität Bamberg, Fakultät Sozial- und
Wirtschaftswissenschaften, Feldkirchenstraße 21, D-96052 Bamberg
E-Mail: heike.delitz@uni-bamberg.de

Aufnahmeanträge für die DGS-Mitgliedschaft und weitere Informationen unter www.soziologie.de

Die Zeitschrift SOZIOLOGIE erscheint viermal im Jahr zu Beginn eines Quartals.
Redaktionsschluss ist jeweils sechs Wochen vorher. Für Mitglieder der DGS ist der Bezug
der Zeitschrift im Mitgliedsbeitrag enthalten. Beiträge in der SOZIOLOGIE werden über
EBSCOhost Information Services sowie in den Bibliographien von De Gruyter: IBZ und
IBR erfasst.

Campus Verlag GmbH, Kurfürstenstraße 49, D-60486 Frankfurt am Main, www.campus.de
Geschäftsführung: Marianne Rübelmann
Programmleitung: Dr. Judith Wilke-Primavesi
Anzeigenbetreuung: Claudia Klinger, Julius Beltz GmbH & Co. KG, Postfach 100154,
D-69441 Weinheim, Tel.: 06201/6007-386, E-Mail: anzeigen@beltz.de
Fragen zum Abonnement und Einzelheftbestellungen: Beltz Medien-Service, Postfach 100565,
D-69445 Weinheim, Tel.: 06201/6007-330, E-Mail: medienservice@beltz.de

Bezugsmöglichkeiten für Nichtmitglieder der DGS:
Jahresabonnement privat 78 €, Studierende / Emeriti 35 €
Jahresabonnement Bibliotheken / Institutionen 118 € print / 177 € digital (nach FTE-Staffel)
Alle Preise zuzüglich Versandkosten. Alle Preise und Versandkosten unterliegen
der Preisbindung. Kündigungen des Abonnements müssen spätestens sechs Wochen vor
Ablauf des Bezugszeitraums schriftlich mit Nennung der Kundennummer erfolgen.

Druck: Beltz Grafische Betriebe GmbH, Bad Langensalza
Beltz Grafische Betriebe GmbH ist ein klimaneutrales Unternehmen (ID 15985-2104-1001).
ISSN 0340-918X

Inhalt

Editorial 139

Soziologie in der Öffentlichkeit

Oliver Römer
»Wir Verfassungsfeinde« 141

Heinz Bude
Was ist soziologischer Sachverstand und
wie sollte eine Soziologin ihn einsetzen? 158

Identität und Interdisziplinarität

Katharina Hoppe
Öffentliche, parteiliche, positionierte Soziologie 162

Forschen, Lehren, Lernen

Gerhard Schulze
Learning by Doing im Beruf 178

DGS-Nachrichten

Protokoll der Auszählung der Wahlen zu Vorsitz,
Vorstand und Hälfte des Konzils 2023 der
Deutschen Gesellschaft für Soziologie e.V. (DGS) 190

Rebekka Marie Bürkert
Evaluation des DGS-Kongresses 2022 194

Aus dem DGS-Vorstand 197

Preise der DGS für herausragende Abschlussarbeiten
Hannah Pool
Grenzen, Gefahr und Geld 199

Julia Böcker
Soziologie des Schwangerschaftsverlusts 207

Veränderungen in der Mitgliedschaft 217

Berichte aus den Sektionen

Sektion *Soziologiegeschichte* 219

Nachrichten aus der Soziologie

Ein kurzes Gespräch mit Martin Kohli,
Gründer der Kohli Stiftung für Soziologie 222

Schader-Preis 2023 für Steffen Mau 228

In memoriam Volkmar Sigusch
Ilka Quindeau 229

In memoriam Jost Halfmann
Stephan Hein, Andreas Höntsch 233

Habilitationen 237

Trilaterale Forschungskonferenzen »Villa Vigoni« 2024–2026 238

Dissertationspreis der Sektion Stadt- und Regionalsoziologie 241

Hartmut-Häußermann-Preis »Soziale Stadt« 2023 242

Peter A. Berger Sektionspreis für herausragende Dissertationen 243

Call for Papers 244
Diversifizierung – Dezentrierung – Dekolonisierung ·
Bilanz und Perspektiven kultur- und sozialwissenschaftlicher Gedächtnisforschung · Globalisierte Kunstmärkte · Summer School »Topoi und Netzwerke der
religiösen Rechten«

Tagungen 255
ÖGS-Kongress: Kritische Zeiten

Autorinnen und Autoren 258

Abstracts 259

Liebe Kolleginnen und Kollegen,

angenommen, man wollte das Zögern des Bundeskanzlers Olaf Scholz vor der Steigerung deutscher Waffenlieferungen an die Ukraine soziologisch erklären: Welche Modelle stehen dafür zur Verfügung? Seine eigene Erklärung ist bekanntlich eine doppelte: Zum einen gelte es, jeden deutschen Alleingang zu vermeiden und sich für jede neue Entscheidung mit den NATO-Partnern, allen voran den USA, abzustimmen; und zum anderen müsse den Befürchtungen in der Bevölkerung Rechnung getragen werden, mit jeder Ausweitung von Waffenlieferungen enger in den Krieg hineingezogen zu werden. Militärische Überlegungen dürfen nur insoweit eine Rolle spielen, als sie einem völkerrechtswidrig überfallenen Verbündeten helfen, ohne Deutschland und die NATO zur Kriegspartei zu machen. Die Widersprüchlichkeit dieser Position liegt auf der Hand, darf jedoch die Handlungsfähigkeit nicht blockieren.

Ich halte mich an mathematische Modelle. Folgt man der Unterscheidung Anatol Rapoports (»Mathematische Methoden in den Sozialwissenschaften«, 1980), stehen »klassische«, probabilistische und strukturelle Modelle zur Verfügung. Die »klassischen« Modelle beruhen auf Kalkülen der Differential- und Integralrechnung und sind in der Lage, Prozesse sozialer Diffusion zu beschreiben. Danach würde man berechnen, welche Zeit etwa die Entscheidung bestimmter Länder, an die Ukraine Kampfpanzer zu liefern, braucht, um bei den NATO-Partnern anzukommen und ähnliche Entscheidungen auszulösen. Man würde nach den Umständen, nicht zuletzt Netzwerkeffekten, fragen, die diesen Prozess zusätzlich konditionieren, also entweder beschleunigen oder verzögern können. Dieses Modell ist an ein auslösendes Ereignis gebunden, könnte dann jedoch eine je nach politischer Orientierung, bürokratischen Hemmnissen und industriellen Kapazitäten unterschiedliche Wahrscheinlichkeit von Anschlussentscheidungen in Rechnung stellen. Offen bleibt die Frage, ob es historische oder aktuelle Vergleichsfälle gibt, die der Berechnung von Wahrscheinlichkeiten zugrunde gelegt werden könnten.

Probabilistische Modelle werden vor allem in der normativen Entscheidungstheorie herangezogen. Sie bewerten Optionen anhand von Präferenzen, Eintrittswahrscheinlichkeiten und Nebenfolgen und können im Rahmen spieltheoretischer Überlegungen zusätzlich kooperative und gegnerische Strategien berücksichtigen. Im vorliegenden Fall kommt es hauptsächlich darauf an, die NATO-Partner als einen einheitlichen Spieler darzustellen, dem die strategischen Züge sowohl Russlands (»rote Linien«) als auch der Ukraine (»keine Übergriffe auf russisches Terrain«) gegenüberstehen. In diesem Modell ist nichts wichtiger, als anhand von kommunizierten und anderen Signalen die Bereitschaft und Fähigkeit aller Beteiligten einzuschätzen, ihre jeweiligen Risiken zu berücksichtigen, sich selbst entsprechend zu binden und so die Strategien von Freund und Feind zu validieren.

Die strukturellen Modelle der mathematischen Soziologie arbeiten mit Relationen des Typs »p impliziert q« oder auch »pRq«. In einer engeren Auslegung beschreiben sie Ereignisse in einer einseitigen oder auch wechselseitigen funktionalen Abhängigkeit voneinander. Da es hier um die Berechnung »logischer« Abhängigkeiten zwischen verschiedenen Ereignissen geht, sind diese Modelle darauf angewiesen, wissenssoziologisch zu beschreiben, für welche Akteure welche Vorkommnisse als »Ereignisse« zählen, auf die so oder anders zu reagieren oder denen so oder anders zuvorzukommen wäre. Mithilfe des in der Systemtheorie rezipierten Formkalküls von George Spencer-Brown (»Laws of Form«, 1969) kann überdies die bisherige Beschränkung auf binäre Relationen zugunsten mehrstelliger Interdependenzen unterschiedlichen Gewichts aufgehoben werden. So lässt sich zum einen überprüfen, welches Wissen man vom Wissen der Gegner und Partner hat, und zum anderen reflektieren, welche Ereignisse dazu beitragen können, die Gewichtungen innerhalb der berücksichtigten Variablen zu verschieben.

Mithilfe dieser und anderer Modelle, so mein Eindruck, kann man die politischen Entscheidungsprozesse begleiten und möglicherweise dazu beitragen, implizites Wissen explizit werden zu lassen und die eine oder andere Annahme zu korrigieren. Das Zögern des Kanzlers erscheint vor diesem Hintergrund als ein bild- und raumgebendes Verfahren, in dem die Kalküle der Beteiligten Gestalt annehmen und einschließlich der Würdigung möglicher Überraschungen wechselseitige Verlässlichkeit gewinnen.

Mit herzlichen Grüßen
Dirk Baecker

SOZIOLOGIE, 52. JG., HEFT 2, 2023, S. 141–157

»Wir Verfassungsfeinde«

Die westdeutsche Soziologie der siebziger Jahre im Spiegel des »Radikalenerlasses«

Oliver Römer

> »Wie bekannt, ist die Monarchie selbst in Bayern abgeschafft – wir haben Demokratie in der Bundesrepublik, zumindest haben wir die freiheitlich demokratische Grundordnung.«
>
> Horst Holzer (1977a: 103)

> »Vom Stil her ist im Grunde das Schlimmste an der deutschen Radikalendiskussion die Diskussion selbst, nämlich das Verlangen nach allgemeinen, vorgeblich eindeutigen Regeln, nach Kodifizierung.«
>
> Ralf Dahrendorf (1975)

Am 28. Januar 1972 trat der Ministerpräsidentenbeschluss der Länder und des damaligen Bundeskanzlers Willy Brandt zu den »Grundsätze[n] zur Frage der verfassungsfeindlichen Kräfte im öffentlichen Dienst« in Kraft.[1] Von politischen Befürwortern als »Extremistenbeschluss«, von Gegnern hingegen als »Radikalenerlass« bezeichnet, ist dieses als Beginn der »Berufsverbotspraxis« historisch verbuchte Datum zu einem nur noch wenig erinnerten Ereignis im politischen und kulturellen Selbstverständnis der Bundesrepublik geworden. Sieht man von einer durch das Wissenschaftsministerium des Landes Baden-Württemberg geförderten Aufarbeitung und Dokumentation ab (Wolfrum 2022), so erweist sich die Einschätzung des Marburger Politikwissenschaftlers Georg Fülberth als zutreffend, man habe es im

---

1 Dieser Beitrag basiert auf meinem Vortrag am 27. September 2022 im Panel »Soziologie in Zeiten des Kalten Krieges: Soziologische Entwicklungen unter polarisierten Bedingungen« während des Bielefelder Soziologiekongresses. Ich danke allen Mitdiskutant*innen sowie der Redaktion der SOZIOLOGIE für Hinweise und Kritik.

Januar 2022 mit einem »Jubiläum« zu tun gehabt, das nahezu ausschließlich »in einem eher randständigen und linken der Bereich der veröffentlichten Meinung erwähnt« wurde (Fülberth 2022).

Auch die Soziologie in Deutschland und ihre wichtigste Fachvertretung – die Deutsche Gesellschaft für Soziologie – haben im Jahr 2022 nicht an dieses denkwürdige Jubiläum erinnert. Der Umstand, dass gerade die Sozialwissenschaften in Westdeutschland so sehr wie kaum eine andere Fächergruppe in die sozialen Auseinandersetzungen dieser Zeit involviert waren und auch die Soziologie einige durchaus prominente Fälle von Berufsverboten kannte, macht dies umso bemerkenswerter. Das Anliegen dieses Beitrags ist es, angesichts dieses Desiderats zumindest eine provisorische historisch-soziologische Standortbestimmung der westdeutschen Soziologie im Spiegel des »Radikalenerlasses« zu geben. Um zu verstehen, wie sich der Erlass auf das Feld der Sozialwissenschaften in der Bundesrepublik ausgewirkt hat, ist es nötig, zunächst kurz auf die gesellschaftlichen Auseinandersetzungen dieser Zeit einzugehen und daran anschließend die Situation der westdeutschen Soziologie sowie die Rolle der DGS etwas näher zu beleuchten. Abschließend sollen die Berufsverbotspraxis und ihre Folgen für das sozialwissenschaftliche Feld in der Bundesrepublik anhand von einigen beispielhaften Fällen konkretisiert werden.

Der »Radikalenerlass« im westdeutschen Kontext der siebziger Jahre

Auch in einer Zeit, in der angesichts des Erstarkens offen verfassungsfeindlicher Kräfte von rechts die Frage nach der Vereinbarkeit von politischer »Gesinnung« und einer Tätigkeit im öffentlichen Dienst wieder gestellt wird, scheint das fünfzigjährige Jubiläum des »Radikalenerlasses« kaum als ernsthaftes tagespolitisches Diskussionsthema zu taugen. Zu offensichtlich steht dieser politische Beschluss, der weder neues Recht noch eine grundlegend neue Verwaltungspraxis schuf, in einer langen Tradition spezifisch deutscher Berufsverbote seit dem Kaiserreich, die neben jüdischen insbesondere auf sozialistische oder kommunistische Personen in sogenannten Intelligenzberufen zielten (vgl. Ringer 1987). Im Unterschied zu anderen westlichen Demokratien waren in der »etatistischen Geschichte Deutschlands« (Dahrendorf 1975) neben unmittelbar sicherheitsrelevanten Bereichen nämlich auch gesellschaftliche Bildungs- und Ausbildungsfunktionen in Schulen und Hochschulen stets mit staatspolitischen Weihen versehen: Als Beamt*innen blieben bedeutende Teile ihrer Träger*innen fest an eine öffentliche Gewalt gebunden, die politische Loyalität verlangte und nicht davor zurückschreckte, ganze gesellschaftliche Gruppen aus »staatstragenden« Berufspositionen fernzuhalten.

Vor diesem Hintergrund ist es plausibel, den »Radikalenerlass« als Symptom für »eine Art ›Kulturkampf‹« (Hofmann, Wolfrum 2022: 56) zu diskutieren, der – gewissermaßen stellvertretend im öffentlichen Dienst ausgetragen – die Grundfeste der bundesrepublikanischen Demokratie insgesamt berührte. Weil der Beschluss das Verhältnis von politischer Haltung und beruflicher Partizipation zur Disposition stellte, hatten die westdeutschen Berufsverbote wie kaum eine andere Auseinandersetzung dieser Zeit das Potenzial, das ohnehin schon polarisierte politische Klima der siebziger Jahre zusätzlich zu antagonisieren.

Um die Tragweite dieser Auseinandersetzungen zu verstehen, muss man selbstredend die gesellschaftlichen Verhältnisse dieser Zeit im Blick behalten: Betrafen nämlich die bis dahin ausgesprochenen Berufsverbote Vertreter einer vergleichsweise marginalen Bildungsschicht, so korrespondierte jener Ministerpräsidentenbeschluss des Jahres 1972 mit einer durch Bildungsexpansion, Studentenbewegung und sozial-liberale Demokratisierungsversprechungen im Aufbruch befindlichen Gesellschaft. Das mit dem Ende der großen Koalition bereits 1969 eingeleitete »sozialdemokratische Jahrzehnt« (vgl. Baring 1982) wurde von allen politischen Lagern in der Bundesrepublik als Anbruch einer neuen politischen Kultur begriffen, die aus der Sphäre der außerparlamentarischen Opposition auf die Staatsapparate übergriff. Politische Liberalisierungsbestrebungen im Inneren, zu denen auch die Zulassung und weitgehende Tolerierung der als »verfassungsfeindlich« eingestuften DKP zählte, standen für eine endgültige Überwindung der »Restaurationsperiode« der Adenauerzeit. Eine auf »Normalisierung« der Beziehungen zur Sowjetunion und der DDR setzende neue Ostpolitik im Äußeren sollte die Westbindung der Bundesrepublik gewissermaßen komplettieren.

Dass es ausgerechnet im Zuge dieser Öffnungs- und Entspannungstendenzen unter sozialliberaler Federführung zur Etablierung einer Praxis der »Regelanfrage« für Bewerber*innen des öffentlichen Dienstes kam, erscheint nur auf den ersten Blick paradox. Neben einer Konzession an die konservativen Kräfte innerhalb der Bonner Republik erfüllte der Extremistenbeschluss nämlich zugleich eine wichtige politische Abgrenzungsfunktion für die mit dem »Godesberger Programm« auf dem Weg zur Volks- und Regierungspartei befindliche Sozialdemokratie. Schon 1961 hatte die SPD durch den Ausschluss des Sozialistischen Deutschen Studentenbundes ihren Bruch mit bedeutenden Teilen der jungen linken Intelligenz in der Bundesrepublik konfirmiert. Diese Intelligenz stellte zumindest in Teilen die seit den fünfziger Jahren durch Westbindung und Antikommunismus geprägte Staatsdoktrin der Bundesrepublik in Frage. Sie drängte zugleich mit einer Vehemenz zurück in die Staatsapparate, insbesondere in den Bildungs-, Erziehungs- und Mediensektor, dass auch konservative Kommentatoren in diesem Widerspruch die realgeschichtliche Dialektik eines »langen Marsch[es] durch die Institutionen« (Schelsky 1973: 22) am Werk sahen, an dessen Ende die Konversion einer staatstragenden in eine potentiell »systemverändernde« Kulturelite stehen musste: Der Umbau des Gemeinwesens vollziehe sich vermittelt über den Bildungs- und Erziehungssektor als eine »Revolution [...] auf leisen Sohlen« (ebd.).

Zwar mögen bei dieser demonstrativen Ausgrenzung kommunistischer oder sozialistischer Akteure neben politischen Opportunitätserwägungen auch historische Erfahrungen wie etwa die »Zwangsvereinigung« von SPD und KPD in der sowjetischen Besatzungszone eine Rolle gespielt haben. Für die in den siebziger Jahren potentiell und tatsächlich Betroffenen war der »Radikalenerlass« hingegen ein klares Zeichen: Die »kollektive Aufwärtsmobilität« einer ganzen Gesellschaft sollte samt aller Wohlstandsversprechungen wenigstens für eine junge, geburtenstarke und überdurchschnittlich gut ausgebildete Generation von Berufsanfänger*innen an die Bedingung der individuell-privaten »Verfassungstreue« gekoppelt werden. Diese Treuebekundung war gegenüber einem Gesellschaftssystem zu leisten, das auf die Namen »freiheitlich-demokratische Grundordnung« sowie »soziale Marktwirtschaft« hörte und den »Anti-Kommunismus« als festen Bestandteil dieser Staatsdoktrin etabliert hatte.[2]

---

2 Bereits im direkten Zusammenhang mit den Studentenunruhen sprach der Kölner Soziologe Erwin K. Scheuch (1968) von einem generationalen Konflikt um die Besetzung gesellschaftlicher Führungspositionen, der zwischen den unmittelbar durch Nationalsozialismus, Weltkrieg und Wiederaufbau geprägten Generationen der Bundesrepublik einerseits und den in sechziger Jahren in der Studentenbewegung Sozialisierten andererseits entbrannt sei.

Soziologie zwischen Kulturrevolution und Verberuflichung

Wurde in den fünfziger und frühen sechziger Jahren unter den sozialwissenschaftlichen Fächern insbesondere die Soziologie als ein vielversprechender Gegenentwurf zu traditionellen Staats- und Verwaltungswissenschaften und als gesellschaftliche Planungswissenschaft zur Lösung sozialtechnischer Fragen entdeckt, so geriet das Fach spätestens mit der westdeutschen Studentenbewegung immer stärker zwischen die Fronten kulturpolitischer Auseinandersetzungen. Im Zuge expansiver Bildungs- und Hochschulpolitik hatte sich die einstige Nebenfachdisziplin an mehreren Universitäten schon vor 1968 zu einem Diplomhauptfach entwickelt, das nach dem Vorbild der nordamerikanischen Soziologie auf den allgemeinen Arbeitsmarkt zielende Studien- und Ausbildungsangebote unterbreiten sollte (vgl. Dahrendorf 1963). In der Lehrerbildung und an berufsorientierten Fachhochschulen immer besser verankert, durchdrang soziologisches Denken verschiedene gesellschaftliche Wissens- und Praxisbereiche. Und weil sogar die westdeutsche Hochschulprotestbewegung, die selbst das Produkt eines gewissermaßen faustischen Paktes von soziologischer Expertise und Hochschulreform war (vgl. Römer, Schäfer 2018), ihre politischen Forderungen in einem soziologischen Vokabular vortrug, befürchteten führende Fachvertreter, die Konversion einer gesellschaftlichen Reformwissenschaft in eine politische Weltanschauungslehre sei in vollem Gange (Lepsius 1968; Schelsky 1977; Tenbruck 1984).

Die Erfolgsgeschichte des »verspäteten« Universitätsfaches Soziologie drohte sich also Anfang der siebziger Jahre gegen die Disziplin selbst zu wenden. Die durch die Einführung des Diploms suggerierte reibungslose Eingliederung von Berufssoziolog*innen in den universitären und außeruniversitären Arbeitsmarkt kollidierte mit der in den frühen siebziger Jahren abrupt beendeten Hochschulexpansionsphase. Unbeantwortet blieb die Frage, welche prinzipiell nützlichen gesellschaftlichen Funktionen Absolvent*innen künftig erfüllen sollten. Trotz teils großzügiger Forschungsförderung fand die Soziologie nur spärliche Antworten auf die Wirtschafts- und Wachstumskrisen dieser Dekade. Ihre im Kulturfeuilleton einst gern gesehenen sozialkritischen Leistungen gerieten im Fahrwasser des die Republik erschütternden R.A.F.-Terrorismus zunehmend unter den paranoiden Verdacht, selbst zur Unterwanderung und Zersetzung des Gemeinwesens beigetragen zu haben.

Eine »Ortsbestimmung« (Schelsky 1959) der westdeutschen Soziologie in den siebziger Jahren ist ohne diesen Hintergrund von gesellschaftlichen Auseinandersetzungen nicht zu leisten. Sie verlangt ferner einen differenzierten Blick auf das sozialwissenschaftliche Feld, das als ein in Bewegung befindlicher Zusammenhang von »gegnerischen Soziologien« zu dechiffrieren ist (vgl. Beck, Beck-Gernsheim 1971; Moebius, Römer 2022). In diesem Kontext relativiert sich auch die Rolle der DGS als Dachverband der akademisch-soziologischen Fachdiskussion. Fragt man nach der Positionierung der führenden deutschen Fachgesellschaft, so ist man neben den inzwischen gut dokumentierten Schriftwechseln des Vorstands[3] auf lediglich zwei exponierte Stellungnahmen verwiesen: zum einen eine knappe, vom gesamten Vorstand autorisierte »Erklärung zu Fragen der Freiheit von Lehre und Forschung« vom Februar 1975 (vgl. DGS 1975), zum anderen einige Äußerungen in der Eröffnungsrede des DGS-Vorsitzenden Karl Martin Bolte beim Soziologiekongress 1976 in Bielefeld (Bolte 1978).

Blickt man zunächst nur auf diese beiden Dokumente, so stechen insbesondere die wenigen Sätze hervor, die Bolte in seiner Ansprache dieser Problematik widmete. Anders als die aus der Feder von Boltes Vorgänger M. Rainer Lepsius stammende Erklärung des Vorstands[4] versteifte sich Bolte nämlich nicht nur darauf, in einem Appell an die »Bereitschaft staatlicher Organe und der Öffentlichkeit« den durch politische Berufsverbote bedrohten »akademischen Freiheitsraum zu sichern« (DGS 1975). Vielmehr betonte er ausdrücklich die Legitimität einer über die fachsoziologische Analyse hinaus greifenden, politisch intervenierenden soziologischen Gesellschaftskritik, für die »auch Soziologen m.E. ihre Stimme erheben sollten« (Bolte 1978: 18). Eine in

---

3 Vgl. hierzu die Digitale Dokumentation zur Deutschen Gesellschaft für Soziologie: www.kim.uni-konstanz.de/soz-archiv/archivbestaende/bestaende-a-z/digitale-dokumentation-zur-deutschen-gesellschaft-fuer-soziologie-dgs/, letzter Aufruf am 13. Februar 2023.

4 Die DGS-Erklärung aus dem Jahre 1975 ist offensichtlich teilweise angelehnt an eine bereits 1973 veröffentlichte Erklärung von Mannheimer Sozialwissenschaftlern, die unter anderem auch von Lepsius unterzeichnet wurde. Diese Erklärung befürwortete einerseits »im Allgemeinen die Anwendung des ›Radikalenerlasses‹ in Baden-Württemberg und auch für den Bereich der Hochschulen« (Schnorr 2022: 326), hinterfragte andererseits jedoch die Reichweite der Regelanfrage, die sogar vor einer Überprüfung zeitlich befristeter Assistenten- und Hilfskräftestellen nicht halte machte. Die Befürchtungen der Unterzeichner galten dementsprechend weniger der Demokratie als der Freiheit von Forschung und Lehre, die sie durch politische Radikalisierung bestimmter gesellschaftlicher Gruppen und staatliche Eingriffe in den Lehrbetrieb gleichermaßen gefährdet sahen – eine Positionierung, die sich mit der später formulierten, offiziellen DGS-Linie weitgehend deckte.

die offizielle Linie der DGS eingeschriebene Trennung von Politik und Wissenschaft, Verfassungstreue und Freiheit der Forschung wurde somit in einer – allerdings ausdrücklich als persönlich gekennzeichneten – Meinungsäußerung eines DGS-Vorsitzenden hinterfragt.

Diese subtile Abweichung Boltes von der durch seine Vorgänger im Vorstand festgelegten Linie mag man als späte Konzession an eine breite Front der Kritik sehen, die sich gegen die Berufsverbote in der Bundesrepublik seit Mitte der siebziger Jahre erhoben hatte. Gleichwohl ist aber auch die insgesamt komplizierte Situation zu beachten, in der sich die DGS zu diesem Zeitpunkt schon seit fast einem Jahrzehnt befand. Mit Ralf Dahrendorf, Erwin K. Scheuch, M. Rainer Lepsius und eben Karl Martin Bolte übernahmen seit Ende der sechziger Jahre erstmals Akteure der zweiten Generation westdeutscher Soziologie nacheinander den Vorsitz der Gesellschaft. Sie sahen sich angesichts der Studentenunruhen, die beim berüchtigten »68er-Kongress« in Frankfurt am Main auch vor der DGS nicht haltmachten (vgl. Offe 2013), und eines der einst so hoffnungsvollen Reformwissenschaft Soziologie immer weniger gewogenen gesellschaftlichen Klimas in eine zunehmend defensive Position gedrängt.

Insbesondere Lepsius regierte hierauf, indem er sich für seine Zeit als DGS-Vorsitzender zwischen 1971 und 1974 einen erneuten Umbau der Disziplin auf die Fahnen schrieb. Die Überfrachtung der Soziologie mit Bildungs- und Lehraufgaben sowie ihre Funktion als gesellschaftliche »Deutungs-« und intellektuelle »Sinngebungsdisziplin« wurden hinterfragt. Sie sollten – so Lepsius (1976a) programmatischer Vorschlag – zugunsten des bescheideneren Anspruches einer analytischen Einzelwissenschaft zurückgefahren werden, die sich primär als spezialisierte Forschungsdisziplin verstehen sollte. Eine in den sechziger und siebziger Jahren noch angestrebte Vergesellschaftung der Berufsrolle des Soziologen, seine soziale Integration nach dem Vorbild der freien Berufe (vgl. König 2014), sollte also durch eine rein wissenschaftsspezifische Professionalisierung des Faches überholt werden.

Bezieht man an dieser Stelle die Berufsverbote-Problematik mit ein, dann bot dieses Programm nun einen vermeintlichen Ausweg, um mit der auch an die Soziologie herangetragenen staatsbürgerlichen Gesinnungsdiskussion umzugehen. Lepsius' Argument funktionierte dabei folgendermaßen: Werde wissenschaftliches Handeln als ein zumindest in liberalen Demokratien autonomer, auf eine *scientific community* begrenzter Raum der Erkenntnisgenerierung verstanden, so komme eine forschungsleitende »Anwendung marxistischer Hypothesen« (DGS 1975) ungeachtet ihrer Verfassungskonformität in Betracht, während von den hierfür zuständigen Wissenschaftler*innen in ihrer Rolle als Bürger*innen und Hochschullehrer*innen Verfassungstreue verlangt werden könne.

Innerhalb der DGS wurde dieser Vorstoß von Lepsius durch den Versuch zur Implementierung eines disziplininternen Pluralismus orchestriert, der in Gestalt der von Karl-Otto Hondrich und Joachim Matthes geleiteten Theorienvergleichsdiskussion die siebziger Jahre durchzog (vgl. Greshoff 2010). Es ging hierbei nicht nur um eine versuchte neue theoretische Rahmung und weltanschauliche Neutralisierung akademischer Debattenlagen im Namen der Wissenschaftsfreiheit, sondern zugleich um ein disziplinäres Transformationsprogramm für angewandte Sozialforschung. Dies wird spätestens dann deutlich, wenn man die Bemühungen des damaligen DGS-Vorstands in Rechnung stellt, die Soziologie gegenüber den für Wissenschaft und Forschung zuständigen Ministerien auf Bundes- und Länderebene unter dem Banner einer sich professionalisierenden empirischen Einzelwissenschaft für die Strukturbedingungen sozialen Zusammenlebens zu positionieren (vgl. Lepsius 1976b).

Die Problematik, die mit dieser »Legitimationsinitiative« einherging, war in einigen Punkten der heutigen Situation der Sozialwissenschaften durchaus vergleichbar. Eine schrumpfende Grundfinanzierung der Hochschulen sollte durch verstärkte und kontinuierliche Akquise von Forschungsmitteln kompensiert werden, die den Bestand einer forschenden Wissenschaft sichern sollten. Aufgrund dieser wissenschaftspolitischen Abhängigkeiten erwies sich aber auch eine allzu offene verbandspolitische Parteinahme für staatlich identifizierte Verfassungsfeinde als unmittelbar hinderlich. Bestätigt wird diese Vermutung durch den vorstandsinternen Schriftwechsel. So sorgte beispielsweise ein Schreiben der American Sociological Association vom 30. November 1977[5] für einige Ratlosigkeit, das im Vorfeld der international viel beachteten »Russell-Tribunale« (vgl. Deutscher Beirat 1978) eine kritische Positionierung zu den westdeutschen Berufsverboten anregte und gleichzeitig Informationen über die Diskussionen in der Bundesrepublik erbat: Eine Klarstellung der Angelegenheit sei nötig, bevor »die Amerikaner viel Lärm verbreiten.«[6] Bis zu einer vom DGS-Vorstand beauftragten Antwort verging dennoch fast ein ganzes Jahr. Darin war dann schließlich von

---

5 Russell R. Dynes an René König, 30. November 1977 (Digitale Dokumentation zur DGS, B320_0140_0129.jpg).
6 Friedhelm Neidhardt an Karl Martin Bolte, 7. Dezember 1977 (Digitale Dokumentation zur DGS, B320_0140_0128.jpg).

insgesamt nur vier bekannten Fällen von Berufsverboten die Rede, von denen bereits zwei aufgehoben (»resolved«) wären und einer in Revision sei.[7] Damit ist in groben Zügen die Position des DGS-Vorstands in dieser Dekade skizziert. Dass diese Linie verbandsintern nicht unumstritten blieb, verdeutlicht ein Schreiben von Jürgen Habermas an Lepsius. Habermas gab hier zu erkennen, dass er zwar den allgemeinen Kurs der DGS, den er als einen Konsens der Versachlichung der wissenschaftlichen Diskussion auf der »Grundlage einer liberal-konservativen Wiederbelebung des Parsonsianismus der 50er Jahre« bezeichnete, aus pragmatischen Gründen mittrage. Bezüglich der bereits diskutierten Erklärung des Vorstands aus dem Februar 1975 bemerkte er hingegen: »In der vorliegenden Form hat sie den Charakter einer unwillig übernommenen Pflichtübung mit Alibi-Funktion für Leute, die sich waschen, aber nicht nass machen wollen.«[8] Insbesondere die Entschärfung der Erklärung durch den völligen Verzicht auf die Nennung irgendwelcher Namen und Fälle blieb dem Starnberger Sozialphilosophen ein Dorn im Auge.

Dass es sich bei Habermas' Intervention um keine abweichende Einzelmeinung handelte, zeigt sich, wenn man noch andere sozialwissenschaftliche Stimmen dieser Zeit hinzuzieht. So engagierten sich mit Friedrich H. Tenbruck und Erwin K. Scheuch zwei bedeutende soziologische Fachvertreter in der vielfach als »neokonservativ« titulierten »Professorenvereinigung« Bund Freiheit der Wissenschaft (BFW), die den Radikalenerlass auch als ein probates Mittel zur Sicherung liberaler Freiheiten begriff und anders als die DGS in den wissenschaftspolitischen Diskussionen dieser Zeit diesbezüglich klar Stellung bezog (vgl. Wehrs 2014).[9] Im Bund demokratischer Wissenschaftler (BdWi) – eine im weitesten Sinne ebenfalls sozialwissenschaftlich orientierte Gründung, die auf den Marburger Soziologen und Ökonomen Werner Hofmann zurückging – sammelte sich dagegen die organisierte wissenschaftliche Opposition gegen die Berufsverbote in der Bundesrepublik. Sichtbare Zeugnisse der von der DGS-Linie nicht nur in Fragen der Berufsverbote abweichenden BdWi-Position waren die drei alternativen Kongressbände, die anlässlich der Soziologentage in Kassel 1974, Bielefeld

---

7 Wolfgang Schluchter an Russell R. Dynes, 20. November 1978 (Digitale Dokumentation zur DGS, B320_0141_0302.jpg).

8 Jürgen Habermas an M. Rainer Lepsius, 17. Dezember 1974 (Digitale Dokumentation zur DGS, B320_0090_0130.jpg).

9 Dass Scheuch gleichzeitig langjährig Mitglied des DGS-Vorstandes war, mag eine offensive Positionierung in der Berufsverbote-Diskussion obendrein erschwert haben.

1976 und Westberlin 1979 erschienen (vgl. Krysmanski, Marwedel 1975; Ahlemeyer, Schellhase 1977; Heidtmann, Katzenstein 1979).[10]

Westdeutsche Soziologen und der »Radikalenerlass«

Wer sind also die von Berufsverboten Betroffenen, deren Namen Jürgen Habermas einklagte und die die DGS im Jahre 1977 noch auf insgesamt vier Fälle schätzte?[11] Der prominenteste Fall, der DGS und BdWi gleichermaßen beschäftigte, war der des Münchner Soziologen und Kommunikationswissenschaftlers Horst Holzer.[12] Interessant ist dieser Fall nicht nur wegen seiner damaligen, auch von der DGS nicht mehr zu ignorierenden Öffentlichkeitswirksamkeit. Holzer, der 1968 bereits in die DKP eingetreten war, hatte schlicht das Pech, dass er, bevor er 1974 in München womöglich stillschweigend verbeamtet worden wäre, erfolglos für gleich vier Professuren in sozialdemokratisch regierten Bundesländern vorgeschlagen wurde – nämlich 1971 an der Universität Bremen, 1972 an der Universität Oldenburg in

---

10 Wie Wolfgang Abendroth (1975) einmal bemerkte, war der BdWi der Versuch einer politisch organisierten Reaktion auf den von der technokratischen Hochschulreform zunehmend unterlaufenen spontanen Studentenprotest. Als Gegenbewegung zur vom BFW angestrebten strikten Begrenzung einer demokratischen Hochschulreform wurde er das Forum, das sich die Frage der weitergehenden Demokratisierung von Forschung und Universität auf die Fahnen schrieb. Er verstand sich als eine Sammelbewegung liberaler, linker, republikanisch und eben auch marxistisch orientierter Wissenschaftler*innen, die in ihrem gemeinsamen Bestreben nach Hochschulreform und ihrem Protest gegen die Berufsverbotspolitik nicht unter dem Dach einer Gewerkschaft zu versammeln waren. Definitiv von Interesse, aber in diesem Kontext leider zu weit führend ist das im Vergleich zur DGS-Position so andere Verständnis eines wissenschaftlichen und politisch-weltanschaulichen Pluralismus, das der BdWi-Vorsitzende und Tübinger Rhetorik-Professor Walter Jens (1979) seinerzeit programmatisch ausformulierte.

11 Ohne an dieser Stelle den Anspruch auf Vollständigkeit zu erheben und ohne den folgenden Überlegungen vorzugreifen, die die Antwort auf diese Frage durchaus erheblich verkomplizieren werden, seien zumindest jene Namen von Sozialwissenschaftlern genannt, die in den alternativen DGS-Kongressbänden und der Dokumentationen von Dress et al. (1977) auftauchen: Fred Karl (Regensburg), Jürgen Harrer (Marburg), Horst Holzer (München), Peter Marwedel (Münster), Thomas Neumann (Münster) und Rainer Rilling (Marburg). Dass es jenseits dieser vom BdWi mandatierten Fälle eine bisher nicht näher bestimmte »Dunkelziffer« gegeben hat, zeigt der jüngst in dieser Zeitschrift erwähnte Fall Götz Rohwer (vgl. Blossfeld 2021).

12 Dokumentiert wurde der Fall Holzer unter anderem von Bönkost (2011), Holzer (1977a, 1977b), Kramer (2022), Scheu (2012: 148 ff.).

Niedersachsen, 1973 an Pädagogischen Hochschule in Westberlin sowie an der Universität Marburg in Hessen (vgl. Dress et al. 1977: 178). Eine verfassungsfeindliche Gesinnung wurde Holzer in den von ministerialer Seite angeforderten Gutachten interessanterweise nicht deshalb attestiert, weil er das Grundgesetz der Bundesrepublik ablehnte, sondern weil er dessen umfassende praktische Verwirklichung in Zweifel zog. Angesichts dieses durch sozialdemokratische Kultusminister abgesegneten Urteils konnte ihn schließlich auch der bayrische Kultusminister und Politikwissenschaftler Hans Maier nicht mehr ins lebenslange Beamtenverhältnis überleiten.

Interessant ist der Fall Holzer auch deshalb, weil sich an ihm personale Kontinuitäten und Brüche im sozialwissenschaftlichen Feld der Bundesrepublik nachvollziehen lassen. Auf ausdrückliche Empfehlung des Sozialforschers Ludwig von Friedeburg, der später als SPD-Kultusminister in Hessen Holzers Berufung nach Marburg verhindern sollte, war Holzer 1964 aus dem Frankfurter Institut für Sozialforschung als Assistent an den Lehrstuhl von Karl Martin Bolte in München gewechselt.[13] Hans Maier war 1970 Zweitgutachter im Habilitationsverfahren gewesen und somit mitverantwortlich für Holzers Venia Legendi, die im Zuge der Prüfung der Verfassungstreue ebenfalls zur Disposition gestellt wurde. Die von Maier trotz einiger kritischer Anmerkungen wissenschaftlich exzellent bewertete Habilitationsschrift Holzers zur politischen Ökonomie der Kommunikation (Holzer 1971) diente fortan als Beleg für dessen mangelnde politische Eignung für Lehramt und Staatsdienst (vgl. Scheu 2012: 152 ff.).

Weniger prominent, aber zur Kontrastierung des Falles Holzer außerordentlich lehrreich ist der Fall des Marburger Politikwissenschaftlers Jürgen Harrer, der nach dem Scheitern seiner wissenschaftlichen Karriere als Lektor des Kölner Pahl-Rugenstein-Verlages tätig war.[14] Als Dozent und Beamter auf Zeit wurde Harrer 1975 die Überführung ins dauerhafte Beamtenverhältnis – also eine Lebenszeitprofessur – verweigert. Die Grundlage hierfür waren drei Gutachten, die als gravierendsten Mangel festhielten, dass Harrer »die zentralen Kategorien der marxistisch-leninistischen Sozialdemokratie-

---

13 Womöglich erklärt dies auch Boltes bemerkenswerte Rede beim Bielefelder Kongress. Bolte schätzte Holzer als Wissenschaftler ungeachtet aller politischen Differenzen, publizierte gemeinsam mit ihm (vgl. Bolte, Neidhardt, Holzer 1970) und kannte die Umstände des Berufsverbotsverfahrens aus nächster Nähe.

14 Die Informationen des folgenden Absatzes beziehen sich – wenn nicht anders gekennzeichnet – auf Angaben von Jürgen Harrer aus einem Telefonat vom 31. August 2022 sowie aus einer E-Mail-Korrespondenz vom 25. Januar 2023 mit dem Verfasser.

Interpretation« (Dress et al. 1977: 174) benutze. Diesem Urteil fügte vermutlich der mit diesem Fall betraute Beamte die bemerkenswerte Einschätzung hinzu, einer von Harrers Aufsätzen hätte »vom wirtschaftstheoretischen (!) Standpunkt des Kritischen Rationalismus her betrachtet keinerlei Erkenntniswert« (ebd.).

Wie die Arbeiten der Gutachter*innen – namentlich die Sozialhistorikerin Helga Grebing, der Historiker Eberhard Kolb und der Politikwissenschaftler Arkadij Gurland – vor dieser Messlatte zu bewerten gewesen wären, kann hier nicht diskutiert werden. In der Berufsverbotezählung der DGS konnte der Fall aber aus mehreren Gründen nicht auftauchen. Harrer, der nach eigener Auskunft nie DKP-Mitglied gewesen ist, fiel im Prinzip schon aufgrund seiner sozialwissenschaftlichen Arbeitsschwerpunkte zu Mittelamerika sowie zur Geschichte der Arbeiterbewegung durch das Raster der professionspolitischen Zuständigkeit der DGS. Ferner lag in diesem Fall überhaupt kein ausgesprochenes Verbot vor, gegen das juristisch vorgegangen werden konnte. Anders als Holzer war Harrer nämlich niemals offiziell mit der Unterstellung einer irgendwie »verfassungsfeindlichen Gesinnung« konfrontiert. Lediglich der Vorwurf, er arbeitete mit einer wissenschaftlichen Methode, der der Status einer Weltanschauung zukomme, stand im Raum. Da diese Behauptung mit den Mitteln der Wissenschaft nicht mehr aus der Welt zu schaffen war, endete auch dieser Fall im Jahre 1978 endgültig in der Arbeitslosigkeit.

Diese beiden hier nur grob skizzierten Fälle deuten auf die Komplexität und Spannweite einer ungemein elastischen behördlichen Praxis hin, die höchstens vordergründig dem »Verlangen nach allgemeinen, vorgeblich eindeutigen Regeln« (Dahrendorf 1975) für die Überleitung in den Staatsdienst gerecht wurde. Eine zumindest billigend in Kauf genommene latente Funktion der Berufsverbote bestand vielmehr in ihrer abschreckenden Wirkung. Für potentiell und tatsächlich Betroffene handelte es sich um undurchschaubare behördliche Praktiken, die mit dazu beitrugen, dass sich in der Bundesrepublik zeitweise jeder sechste Bundesbürger unter dreißig Jahren im Bann des Verfassungsschutzes wähnte (vgl. Hofmann, Wolfrum 2022: 25 f.). War der Radikalenerlass zunächst womöglich nur als »eine Art Erklärung ans Volk« (Fülberth 2022) gemeint, so entwickelte er sich unter dem parteiübergreifenden Schutzschild politischer Entscheidungsträger zu einem ebenso undurchschaubaren wie wirkungsvollen Disziplinarinstrument, das einer ganzen Generation ihren vermeintlichen politischen Radikalismus austreiben sollte.

Es wäre mit Blick auf die Soziologie eigens zu diskutieren, ob und inwiefern die Berufsverbote in Westdeutschland dazu beigetrugen, einen bestenfalls gezähmten »Marxismus ohne Marxisten« (Krysmanski 1979: 14) hervorzu-bringen.[15] Nicht völlig von der Hand zu weisen ist jedenfalls der schwerwiegende Vorwurf eines Betroffenen, die DGS überlasse »die Auseinandersetzung mit dem Marxismus dem Berufsverbote verfügenden Staat« (Marwedel 1975: 31). Bereits Ende der siebziger Jahre rückten mehrere Bundesländer von der Praxis der Regelanfrage ab. Die Sozialwissenschaften in Westdeutschland traf der »Radikalenerlass« jedoch zu einer Zeit, in der es durch das Ende der Bildungsexpansion ohnehin zu einer Verknappung der Stellen gekommen war. Damit zeigt sich aber eine weitere Dimension des Problems: Die Regelanfrage im öffentlichen Dienst eröffnete einen zusätzlichen administrativen Spielraum, um die seit den späten sechziger Jahren perspektivisch zur Verstetigung geschaffenen Probestellen für verbeamtete Dozenten und Professoren durch eine merkwürdige Verquickung von Vorbehalten gegen die politische Gesinnung und die – davon vermeintlich kaum zu trennende – fachliche Eignung linker Wissenschaftler*innen wieder zu kassieren. Die Praxis der Berufsverbote erwies sich letztlich auch als ein Instrument, um das im Zuge der Hochschulreformen durch die Aufhebung und Verstetigung von Mittelbaupositionen erheblich in Frage gestellte Modell der auf professoraler Vormachtstellung beruhenden »Ordinarienuniversität« erneut zu stärken.[16]

Nimmt man diese These ernst, sind wir mitten in den zeitgenössischen hochschulpolitischen Auseinandersetzungen angelangt – also mit und gegen Helmut Schelsky gesprochen: bei einer »Konterrevolution auf leisen Sohlen«, die eine in den siebziger Jahren mit vielen Fällen von Berufsverboten oft bis Unkenntlichkeit verquickte Befristungspraxis als vermeintlich unpolitisches Flexibilisierungsinstrument für die fiskalische Steuerung gesamtdeutscher Hochschulen und Universitäten entdeckt hat. Die sicherlich zu-

---

15 Hatte der Historische Materialismus in der Theorienvergleichsdiskussion beim Kasseler Soziologentag 1974 noch einen festen, seinerzeit durch den Marburger und Kasseler Soziologen Karl Hermann Tjaden vertretenen Platz, so verschwanden dezidiert marxistische Positionen in der Folge immer stärker aus dem Programm von Soziologiekongressen. Und auch die kritisch-kommentierenden Positionierungen von marxistisch orientierten Sozialwissenschaftler*innen zur Lage der akademischen Soziologie in Westdeutschland blieben ein Spezifikum der siebziger Jahre (vgl. hierzu auch Moebius, Römer 2022; Römer 2021).

16 So die Einschätzung des ebenfalls betroffenen Marburger Soziologen Rainer Rilling in einer E-Mail an den Verfasser vom 19. September 2022.

treffende Einschätzung, dass Berufsverbote längst nicht mehr zur menschenrechtlich fundierten, »außenpolitischen Selbstdarstellung der Bundesrepublik passen« (Fülberth 2022), bleibt vor diesem Hintergrund eine nur wenig tröstliche Erkenntnis für den Großteil des wissenschaftlichen Nachwuchses, dessen schwindende Berufs- und Berufungschancen nicht einmal mehr in einen Zusammenhang mit politisch-weltanschaulichen Gesinnungsfragen gebracht werden können. Auch wenn historische Kurzschlüsse hier unbedingt zu vermeiden sind, sollte dies meines Erachtens zumindest Anlass genug sein, um heute wieder über eine historisch gewordene behördliche Praxis und ihre seinerzeit sicherlich kaum intendierten Folgen für unsere Gegenwart nachzudenken.

Literatur

Abendroth, Wolfgang 1975: Situation und Funktion des BdWi. Eine Antwort auf Matthias Pfüller. Bund demokratischer Wissenschaftler (BdWi). Mitgliederbrief Nr. 18, 18–20.

Ahlemeyer, Heiner / Schellhase, Rolf (Hg.) 1977: Soziologie im Arbeitnehmerinteresse. Alternative Positionen auf dem 18. Deutschen Soziologentag. Köln: Pahl-Rugenstein.

Baring, Arnulf 1982: Machtwechsel. Die Ära Brandt-Scheel. Stuttgart: Deutsche Verlagsanstalt.

Beck, Ulrich / Beck-Gernsheim, Elisabeth 1971: Zu einer Theorie der Studentenunruhen in fortgeschrittenen Industriegesellschaften. Kölner Zeitschrift für Soziologie und Sozialpsychologie, 23. Jg., Heft 3, 439–477.

Blossfeld, Hans-Peter 2021: In memoriam Götz Raimund Rohwer (28. März 1947 – 16. März 2021). Soziologie, 50 Jg., Heft 3, 377–381.

Bolte, Karl Martin 1978: Zur Situation soziologischer Forschung und Lehre in der Bundesrepublik. Vortrag zur Eröffnung des 18. Deutschen Soziologentages. In Karl Martin Bolte (Hg.), Materialien aus der soziologischen Forschung. Verhandlungen des 18. Deutschen Soziologentages vom 28.9. bis 1.10.1976 in Bielefeld. München: DGS, 1–20.

Bolte, Karl Martin / Neidhardt, Friedhelm / Holzer, Horst 1970: Deutsche Gesellschaft im Wandel. Band 2. Opladen: Leske.

Bönkost, Jan 2011: Im Schatten des Aufbruchs. Das erste Berufsverbot für Horst Holzer und die Uni Bremen. Grundrisse 39. https://www.grundrisse.net/grundrisse39/schatten_des_aufbruchs.htm, letzter Aufruf am 13. Februar 2023.

Dahrendorf, Ralf 1963: Die angewandte Aufklärung. Gesellschaft und Soziologie in Amerika. München: Piper.

Dahrendorf, Ralf 1975: »Radikale« und »öffentlicher Dienst«. Eine Anmerkung. DIE
ZEIT vom 8. August 1975. https://www.zeit.de/1975/33/radikale-und-oeffent
licher-dienst, letzter Aufruf am 13. Februar 2023.

Deutscher Beirat und Sekretariat des Dritten Internationalen Russell-Tribunals 1978:
Internationales Russell-Tribunal. Zur Situation der Menschenrechte in der Bundesrepublik Deutschland. Bd. 1. Berlin: Rotbuch.

DGS 1975: Erklärung zu Fragen der Freiheit von Lehre und Forschung. Zeitschrift
für Soziologie, 4. Jg., Heft 2, 200.

Dress, Andreas / Jansen, Mechthild / Kurz, Ingrid / Pabst, Aart / Post, Uwe /
Roßmann, Erich (Hg.) 1977: Wir Verfassungsfeinde. Köln: Pahl-Rugenstein.

Fülberth, Georg 2022: Ein deutsches Jubiläum. https://tagebuch.at/2022/02/ein-
deutsches-jubilaeum/, letzter Aufruf am 21. Februar 2023.

Greshoff, Rainer 2010: Die Theorienvergleichsdebatte in der deutschsprachigen Soziologie. In Georg Kneer / Stephan Moebius (Hg.), Soziologische Kontrover-
sen. Eine andere Geschichte der Wissenschaft vom Sozialen. Berlin: Suhrkamp,
182–216.

Heidtmann, Bernhard / Katzenstein, Robert (Hg.) 1979: Soziologie und Praxis. Studium, Forschung, Beruf. Köln: Pahl-Rugenstein.

Hofmann, Birgit / Wolfrum, Edgar 2022: Zur Einführung. Der »Radikalenerlass« –
zeitgenössische Wahrnehmungen und gegenwärtige Forschungen. In Edgar
Wolfrum (Hg.), Verfassungsfeinde im Land. Der »Radikalenerlass« von 1972 in
der Geschichte Baden-Württembergs und der Bundesrepublik. Göttingen: Wallstein, 13–62.

Holzer, Horst 1971: Gescheiterte Aufklärung? Politik, Ökonomie und Kommunikation in der Bundesrepublik Deutschland. München: Piper.

Holzer, Horst 1977a: Wissenschaftsfreiheit und Berufsverbot. Demokratische Er-
ziehung, 3. Jg., Heft 1, 101–107.

Holzer, Horst 1977b: Die Produktion eines Demokratie-Feindes – und was dahinter
steht. BdWi Forum 30, 14–18.

Jens, Walter 1979: Republikanische Reden. Frankfurt am Main: Suhrkamp.

König, René 2014 [1959]: Wandlungen in der Stellung sozialwissenschaftlicher Intelligenz. In Michael Klein (Hg.), René König – Aufgaben des Soziologen und die
Perspektiven der Soziologie. Schriften zur Entwicklung der Soziologie nach
1945. Wiesbaden: Springer VS, 53–68.

Kramer, Sarah 2022: »Verfassungsfeinde« an der Universität? Die »rote Uni« Marburg im Spannungsfeld von Protestbewegungen, Radikalenbeschluss und »streit-
barer Demokratie«. In Edgar Wolfrum (Hg.), Verfassungsfeinde im Land. Der
»Radikalenerlass« von 1972 in der Geschichte Baden-Württembergs und der
Bundesrepublik. Göttingen: Wallstein, 597–622.

Krysmanski, Hans Jürgen 1979: Der Gegenstand der BRD-Soziologie in der System-
auseinandersetzung. In Bernhard Heidtmann / Robert Katzenstein (Hg.), Soziologie und Praxis. Studium, Forschung, Beruf. Köln: Pahl-Rugenstein, 11–23.

Krysmanski, Hans Jürgen / Marwedel, Peter (Hg.) 1975: Die Soziologie in der Krise. Ein kritischer Reader zum 17. Deutschen Soziologentag. Köln: Pahl-Rugenstein.

Lepsius, M. Rainer 1968: Zu Mißverständnissen der Soziologie durch die »Neue Linke«. In Erwin K. Scheuch (Hg.): Die Wiedertäufer der Wohlstandsgesellschaft. Eine kritische Untersuchung der »Neuen Linken« und ihrer Dogmen. Köln: Markus, 189–193.

Lepsius, M. Rainer 1976a: Ansprache zur Eröffnung des 17. Deutschen Soziologentages: Zwischenbilanz der Soziologie. In M. Rainer Lepsius (Hg.), Zwischenbilanz der Soziologie. Verhandlungen des 17. Deutschen Soziologentages. Stuttgart: Enke, 1–13.

Lepsius, M. Rainer 1976b: Zur forschungspolitischen Situation der Soziologie. In M. Rainer Lepsius (Hg.), Zwischenbilanz der Soziologie. Verhandlungen des 17. Deutschen Soziologentages. Stuttgart: Enke, 407–417.

Marwedel, Peter 1975: Der Kasseler Soziologentag in Perspektive. Auch ein Trendreport. In Hans Jürgen Krysmanski / Peter Marwedel (Hg.), Die Krise der Soziologie. Ein kritischer Reader zum 17. Deutschen Soziologentag, Köln: Pahl-Rugenstein 1975, 21–52.

Moebius, Stephan / Römer, Oliver 2022: Die »wilden Siebziger« und ihre »gegnerischen Soziologien«. Historisch-soziologische Rekonstruktion einer Konstellation westdeutscher Soziologiegeschichte. Zeitschrift für Soziologie, 51. Jg., Heft 4, 307–334.

Offe, Claus 2013: Akademische Soziologie und politischer Protest: Der Frankfurter Soziologentag 1968. In Hans-Georg Soeffner (Hg.), Transnationale Vergesellschaftungen. Verhandlungen des 35. Kongresses der Deutschen Gesellschaft für Soziologie in Frankfurt am Main 2010, Bd. 2. Wiesbaden: Springer VS, 977–984.

Ringer, Fritz K. 1987: Die Gelehrten. Der Niedergang der deutschen Mandarine 1890–1933. München: dtv.

Römer, Oliver 2021: Soziale Systeme als gesellschaftliches Naturverhältnis. Nachruf auf Karl Hermann Tjaden. Soziopolis 23. März 2021. www.soziopolis.de/sozia le-systeme-als-gesellschaftliches-naturverhaeltnis.pdf, letzter Aufruf am 13. Februar 2023.

Römer, Oliver / Schäfer, Gerhard 2018: »Zum Schicksal der deutschen Soziologie im Ausgang ihrer bürgerlichen Epoche«. Lehrkörperstruktur und Nachwuchsfragen in der frühen westdeutschen Soziologie im Spiegel der Göttinger Hochschullehrerstudie (1952–1956). In Oliver Römer / Ina Alber-Armenat (Hg.), Erkundungen im Historischen. Soziologie in Göttingen. Geschichte – Entwicklungen – Perspektiven, Wiesbaden: Springer VS, 153–201.

Schelsky, Helmut 1959: Ortsbestimmung der deutschen Soziologie. Düsseldorf: Diederich.

Schelsky, Helmut 1973: Systemüberwindung – Demokratisierung – Gewaltenteilung. Grundsatzkonflikte der Bundesrepublik. München: C. H. Beck.

Schelsky, Helmut 1977: Die Arbeit tun die anderen. Klassenkampf und Priesterherrschaft der Intellektuellen. München: dtv.

Scheu, Andreas M. 2012: Adornos Erben in der Kommunikationswissenschaft. Eine Verdrängungsgeschichte? Köln: von Halem.

Scheuch, Erwin K. 1968: Zur Einleitung. In Erwin K. Scheuch (Hg.), Die Wiedertäufer der Wohlstandsgesellschaft. Köln: Markus, 7–12.

Schnorr, Mirjam 2022: Mannheimer Sozialwissenschaftler gegen die »Gesinnungskontrolle« an baden-württembergischen Hochschulen. In Edgar Wolfrum (Hg.), Verfassungsfeinde im Land. Der »Radikalenerlass« von 1972 in der Geschichte Baden-Württembergs und der Bundesrepublik. Göttingen: Wallstein, 310–317.

Tenbruck, Friedrich H. 1984: Die unbewältigten Sozialwissenschaften oder Die Abschaffung des Menschen. Graz, Wien, Köln: Styria.

Wehrs, Nicolai 2014: Protest der Professoren. Der »Bund Freiheit der Wissenschaft« in den 1970er Jahren. Göttingen: Wallstein.

Wolfrum, Edgar (Hg.) 2022: Verfassungsfeinde im Land. Der »Radikalenerlass« von 1972 in der Geschichte Baden-Württembergs und der Bundesrepublik. Göttingen: Wallstein.

Was ist soziologischer Sachverstand und wie sollte eine Soziologin ihn einsetzen?

Entgegnung auf Klaus Kraemer

Heinz Bude

Die kritische Reaktion von Klaus Kraemer[1] auf meinen Report einer teilnehmenden Beobachtung aus einem Beratungsgremium und einer zivilgesellschaftlichen Initiative während der Pandemie gibt mir die Gelegenheit, in allgemeineren Begriffen klar zu legen, was ich da als Soziologe getan habe und wie man sich meiner Ansicht nach als Soziologin in dem »kritischen Moment« eines gesellschaftlichen Großereignisses verhalten sollte. Klaus Kraemer legt nahe, dass sie sich auf ihre soziologische Kompetenz zurückziehen sollte und sich auf keinem Fall zum Sprachrohr eines politischen Willens machen dürfte. Wenn einen also im Falle eines verheerenden Extremwetterereignisses ein Anruf aus dem Bundeskanzleramt oder im Falle eines Crashs der globalen Finanzmärkte eine Mail aus der Europäischen Zentralbank erreicht, sollte man sich zuerst fragen, was man als Soziologin dazu zu sagen habe und sich dann schnellstens mit möglichen Datenlieferanten in Verbindung setzen, die einen mit Evidenz über das differentielle Verhalten der Leute in plötzlichen, unübersichtlichen und existenzbedrohenden Situationen ausstatten können. Außerdem müsse man sich genau überlegen, ob man von staatlichen Stellen nicht für die Legitimitätsbeschaffung für steuernde, auf das individuelle Verhalten zielende Maßnahmen missbraucht werden könnte. Dann stehe man jedenfalls nicht in Gefahr, von allgemeinen Wogen der Angst und der Panik mitgerissen zu werden.

---

1 Klaus Kraemer, Was kann die Soziologie im Schockzustand einer Krise leisten? SOZIOLOGIE, 52. Jg., 2023, Heft 1, S. 7–25.

Das leuchtet natürlich alles ein, es stellt sich nur die Frage, ob man nach den entsprechenden Selbstversicherungen innerhalb der einen Stunde Bedenkzeit, die man sich ausgebeten hatte, etwas anderes als »Lieber nicht« zu antworten hätte. Dann wäre die Soziologie aus dem Spiel, aber sie könnte im Nachhinein darlegen, dass der Aspekt der ungleichen Betroffenheit, der katastrophenbedingten Einstellungen und der nichtintendierten Nebenfolgen der Maßnahmen von den exekutiven Organen nicht genügend berücksichtigt worden sei und dass deshalb im Gefolge des Katastrophenmanagements die soziale Ungleichheit sich zementiert, die System aversiven Einstellungen in weiten Teilen der Bevölkerung zugenommen und der Graben zwischen sozialer Desorganisation und politischer Koordination sich vertieft habe. In anderen Worten: Im »case of emergency« hat der soziologische Sachverstand wenig beizutragen, aber in der Nacharbeitung des Krisenfalls hilft er beim kollektiven Lernen für den kommenden Krisenfall.

Dagegen möchte ich hier die Auffassung vertreten, dass mich mein Engagement als Soziologe in der Pandemie davon überzeugt hat, dass wir Soziologinnen etwas Wesentliches beizutragen haben, eben weil wir das Geschehen als »totales soziales Phänomen« begreifen können und gerade deshalb für eine disziplinübergreifende Beratung besonders gut disponiert sind. Mir geht es nicht darum, die aparte soziologische Kompetenz hochzuhalten, sondern sie als Einsatz für eine inter- und transdisziplinäre Deliberation zu begreifen.

Es ist meiner Ansicht nach völlig daneben, ein Pandemieregime in der Hand einer mathematisch-medizinischen Expertise zu brandmarken. Ich erinnere nur daran, dass in dem ersten und womöglich wichtigsten Beratungsgremium für das »Corona-Kabinett« weder eine Virologin noch eine Medizinerin vertreten war. Wir haben die drei an uns gerichteten Fragen über das Ob, Wie und Wo der Eindämmung aus einer erweiterten, nämlich Wirtschaft, Politik, Recht und Gesellschaft einbeziehenden sozialwissenschaftlichen Perspektive beantwortet.

Wir haben dazu vor allem die Modelle von Südkorea, Taiwan und China analysiert, die alle schon auf ein erprobtes Pandemieregime zurückgreifen konnten, das auf Testung, Nachverfolgung und Isolierung beruhte. Wir hatten die Infektions- und Todeszahlen aus Norditalien vorliegen sowie begründete Vermutungen über die hierzulande verfügbaren Betten für eine intensivmedizinische Behandlung von Atemwegserkrankungen.

Wir haben sodann Analysen zur wirtschaftlichen, politischen, rechtlichen und gesellschaftlichen Belastbarkeit von Maßnahmen der Eindämmung durch die gezielte Reduktion von Kontaktchancen angefertigt.

Und schließlich haben wir uns anhand von Modellrechnungen vor Augen geführt, auf wie viele Infektionen mit schweren Verläufen man sich in Deutschland einstellen müsste.

Wichtig war uns, dass wir bei all diesen Überlegungen zunächst den kulturellen Faktor bei der Kommunikation von Gefahren gesamtgesellschaftlicher Art und der Folgebereitschaft für staatlich verordnete Maßnahmen sowie der Ertragbarkeit der Einschränkung von Grundrechten eingeklammert haben. Also dass es in den asiatischen Ländern oder in Inselnationen aufgrund kollektivistischer Alltagsmoralen leichter als in westlichen Demokratien sei, eine Schließung der gesamten Gesellschaft zu verordnen. Es ging uns um eine Klärung der geeigneten, erforderlichen und zumutbaren Maßnahmen und wir waren uns bewusst, dass wir damit eine Position auf der Brücke einnahmen und es vermieden, uns unter die Passagiere zu mischen.

Wir haben die drei an uns gerichteten Fragen auf dieser Grundlage folgendermaßen beantwortet: Wir haben eine Strategie der gezielten Eindämmung gegenüber einer Strategie der natürlichen Selektion den Vorzug gegeben. Wir haben dabei für eine kurzzeitige Schocktherapie statt für ein langfristiges Tuning plädiert. Und wir haben miteinberechnet, dass eine weitgehende Niederschlagung des öffentlichen Lebens die dienstleistende Publikumswirtschaft ungleich schwerer treffen würde als den industriellen Sektor.

Dabei haben uns Überlegungen zum deutschen Produktionsmodell, zu Ansatzpunkten eines regulativen Interventionismus, zu Rezessionseffekten, zur Aufstellung einer hochperformativen Organisation zwischen Großlaboren, zum Informationsaustausch zwischen Krankenhäusern, zu verschiedenen Wirkungen eines lock-downs in Groß-, Mittel- und Kleinstädten und zum Ausdruck von Isolationsermüdung beschäftigt. Die entscheidenden Parameter zum Entwurf unserer Szenarien waren nicht virologischer oder epidemiologischer, sondern sozialwissenschaftlicher Natur. Bei der intuitiven Zusammenfassung der verschiedenen Aspekte in ein für die politischen Entscheiderinnen einleuchtendes Vorstellungsbild war besonders der soziologische Sachverstand gefragt. Nicht wegen einer besonderen poetischen Kompetenz der Soziologie, sondern weil die Pandemie nur als ein »totales soziales Phänomen« handhabbar zu machen war.

Hier kommt in der Tat ein ideologischer Effekt ins Spiel. Das auf das Zusammenspiel von Ideen, Interessen und Institutionen oder Interaktionen,

Organisationen und Gesellschaften oder meinetwegen von Wirtschaft, Staat und Gesellschaft abgestellte soziologische Denken weist die anderen sozialwissenschaftlichen Disziplinen auf die Bedeutung des Legitimationsproblems hin. Nicht dass dies für die Volkswirtschaftslehre, die Politikwissenschaft oder die Managementlehre nicht existieren würde. Nur ist es für die Ökonomie durch das normativ relativ anspruchslose Konzept des Marktes, die Politologie durch selbstverständliche Vorgegebenheit der Institutionen und die Managementtheorie durch die Praxis des Organisierens immer schon gelöst. Nur die Soziologie beharrt darauf, dass in der Gesellschaft die Dinge nur dann funktionieren, wenn die Leute einen Sinn darin sehen und es deshalb für gerechtfertigt halten, dass das Notwendige getan werden muss. Ohne Zustimmung funktioniert kein Zwang.

Eine soziologische Beratung kommt daher nicht umhin, den Beratenen ein Mittel oder, wie man heute sagt, ein Tool zur Verfügung zu stellen, mit dem diese bei den Leuten Sinn für das erzeugen können, was sie selbst vorhaben. Mit anderen Worten: Man macht sich unweigerlich die Füße nass, wenn man bei den Entscheidungen unter Handlungsdruck dabei sein und nicht erst im Nachhinein der Schlaue sein will, der die mangelnde Aufmerksamkeit für die nicht gewünschten Folgen der in Gang gesetzten Prozesse beklagt. Besonders im Fall der noch nicht hinter uns liegenden Pandemie ist die vermutlich wichtigste Folge durch eine womöglich unnötige Dramatisierung der Sachlage bewirkt worden. Wir sind bei unseren Beratungen in der krisenstabähnlichen Runde immer davon ausgegangen, dass die Entwicklung eines relativ unbedenklichen Impfstoffs mehrere Jahre in Anspruch nehmen wird. Dass das bereits etwas mehr als ein Jahr nach Ausbruch der Pandemie gelungen ist, gleicht einem Wunder.

Öffentliche, parteiliche, positionierte Soziologie

Katharina Hoppe

Im Zuge der Diagnosen eines »postfaktischen« Zeitalters, der Debatten um Wissenschaftsfreiheit, der zunehmenden Angriffe auf Forschende in den Gender und Queer Studies sowie antirassistisch oder postkolonial positionierter Forschung hat auch innerhalb der Soziologie ein (erneuter) Selbstverständigungsprozess darüber eingesetzt, welches Verhältnis von Wissenschaft und Politik erstrebenswert ist (vgl. van Dyk 2017; Behrendt, Henkel 2018; Villa, Speck 2020; Bogner 2021). Diesen Eindruck gewann ich erneut beim DGS-Kongress in Bielefeld, aber auch angesichts der Zahl an Publikationen, Workshops und Konferenzen, die sich derzeit im weitesten Sinne diesem Thema widmen.[1] Ein Begriff, der in diesen Diskussionen immer wieder fällt, ist jener der Positionierung oder der positionierten Wissenschaft.

---

[1] Exemplarisch für solche Veranstaltungen in Bielefeld lassen sich etwa die Ad-Hoc-Gruppen: »Sociologists for Future? Soziologische Klima- und Nachhaltigkeitsforschung zwischen akademischem und öffentlichem Diskurs« und »Politisierung des Wissens. Die gesellschaftlichen Grundlagen und politischen Folgen von Wissenskonflikten in polarisierten Welten« nennen. Auch in der Ad-Hoc-Gruppe »Soziale Spaltung als Zeitdiagnose« wurde darüber diskutiert, was positionierte soziologische Wissensproduktion bedeuten kann. Ebenso dokumentieren die im Rahmen des Symposions zu »Politik und Soziologie« in Heft 4/2019 der Soziologie publizierten Positionspapiere das rege Interesse an einer Verständigung über die Rolle der Soziologie in der gegenwärtigen Situation, wobei der Begriff der Positionierung hier nicht aufgegriffen wird.

Für Anregungen zu diesem Text bedanke ich mich bei den Teilnehmenden des Workshops »Theorie im ›postfaktischen Zeitalter‹« im Juli 2022 in München, besonders bei Jenni Brichzin und Felix Kronau, deren gemeinsam mit Jakob Zey durchgeführtes DFG-Projekt zur »Kritik anti-essentialistischer Soziologie« ebenfalls als Teil der Selbstverständi-

Die positionierte Wissenschaft und Soziologie wird in Stellung gebracht, um Diskreditierungen einer (vermeintlich) politisierten oder aktivistischen Wissenschaft etwas entgegenzusetzen. Allerdings bleibt der Begriff der Positionierung dabei notorisch unterbestimmt. Was eine positionierte Wissenschaft und insbesondere eine positionierte Soziologie ausmachen könnte, möchte ich im Folgenden umreißen und damit zur Debatte einladen.

Wenngleich der durch die Chiffre des »postfaktischen Zeitalters« implizierte epochale Bruch historisch und empirisch fragwürdig sein mag (Vogelmann 2016), lässt sich eine veränderte und verstärkte Politisierung von Wissenschaft, wissenschaftlichem Wissen und Wahrheitsansprüchen in den vergangenen Jahrzehnten ohne Zweifel konstatieren. Dies gilt einerseits im Hinblick auf die Forderungen nach politischen Bezügen auf wissenschaftliches Wissen durch die wissenschaftsfreundlichen, erstarkenden Klimagerechtigkeitsbewegungen. Andererseits hat die Anrufung *alternativer Fakten* mitsamt ihren Gegenbewegungen und Reaktionen zu einer solchen Politisierung beigetragen. Auch im Hinblick auf veränderte Verbreitungsdynamiken und Rezeptionsmöglichkeiten von Informationen in sozialen Medien und digitalisierten Öffentlichkeiten, die im Zuge der SARS Cov-2-Pandemie besonders virulent geworden sind, zeigt sich eine gesteigerte Politisierung und teils auch Instrumentalisierung von wissenschaftlichem Wissen. Mir geht es in diesem Beitrag nicht so sehr um die Dynamiken der Verbreitung von (Des-)Information, einer damit womöglich verbundenen »Wahrheitskrise« und der Behauptung eines epochalen Bruchs, sondern um mögliche Umgänge der Soziologie mit dieser (wissenschafts-)politischen Gemengelage. Welches Wissenschafts- und Wahrheitsverständnis gilt es gegen Wissenschaftsfeindlichkeit und *alternative Fakten* in Stellung zu bringen? In welcher Weise kann eine Soziologie in Kontakt zu Öffentlichkeit und Politik stehen, ohne als *gebiased* oder *zu politisch* gebrandmarkt zu werden? Mit anderen Worten stellt sich folgende alte Frage neu: Wie kann die Soziologie ihre eigene Positioniertheit als Stärke und Vorzug und nicht als Fallstrick und Handicap begreifen?

Eine der Antworten der globalen wissenschaftlichen Community auf die offensive Relativierung wissenschaftlichen Wissens im Zuge der Vereidigung von Donald Trump als 45. Präsident der Vereinigten Staaten war bekanntlich das globale Großevent des »March for Science«, das erstmals am

---

gungsbemühungen in der soziologischen Theoriebildung begriffen werden kann. Außerdem danke ich Jonas Heller und Lars Meier für Anmerkungen zu einer früheren Version dieses Textes.

»Earth Day 2017« stattfand. Einer der wichtigsten Slogans dieses Events war »There is no alternative to facts.« Auf den ersten Blick scheint es kompliziert und gefährlich, etwas gegen diesen Slogan zu sagen. Welche Wissenschaftler*in will sich schon gegen Fakten positionieren? Auch ich möchte das nicht. Allerdings wohnt der Rede von alternativlosen Fakten eine szientistische und autoritäre Tendenz inne, die Debatten abschließt, statt sie anzustoßen und kritisch zu begleiten. Tritt Wissenschaft mit einem solchen Credo an, verleugnet sie wissenschaftstheoretische Grundeinsichten in die Historizität und Kontextgebundenheit wissenschaftlicher Wissensproduktion und Wahrheit, die Philosoph*innen, Physiker*innen und Wissenschaftssoziolog*innen (spätestens) seit der Aufklärung umtreiben und seit den 1970er Jahren besonders von der historischen Epistemologie und der Wissenschaftsforschung unterstrichen worden sind (vgl. Foucault 1971; Canguilhem 1979; Keller 1986; Latour 1987). Letzten Wahrheiten – alternativlosen Fakten – haftet eine ebenso autoritäre Tendenz an wie der Rede von alternativen Fakten, die in Beliebigkeit und Willkür mündet. Die Biologin und feministische Wissenschaftstheoretikerin Donna Haraway hat diese Polarisierung einmal als die falsche Alternative zwischen dem »göttlichen Trick« (Universalismus) und einer einfachen Pluralisierung solcher Tricks (Relativismus) beschrieben (vgl. Haraway 1995: 84). Unter »göttlichen Tricks« versteht sie Operationen von Erkennenden, die gleichsam zaubernd ihre eigene Körperlichkeit und Eingebundenheit in die Welt und in die je lokalisierten Apparate der Wissensproduktion leugnen. Solche Tricks vollziehen nicht nur Subjekte, die einen universalen Wahrheitsanspruch erheben, sondern auch solche, die relativistisch eine Gleichwertigkeit aller Perspektiven behaupten: »Beide leugnen die Relevanz von Verortung, Verkörperung und partialer Perspektive, beide verhindern eine gute Sicht.« (Ebd.)

Um gegen »göttliche Tricks« die Bedeutung von Verortungsleistungen in der Wissensproduktion zu betonen, wurden unterschiedliche Wege beschritten und Vorschläge gemacht, wie dies geschehen könnte. Ich möchte im Folgenden drei soziologische Antworten vorstellen, die in der einen oder anderen Weise auf ein Paradigma der Relationalität rekurrieren und versuchen, die *Involviertheit* der Wissensproduktion – besonders in den Sozialwissenschaften – zu theoretisieren. Im Zuge dieses Streifzugs möchte ich auch die These problematisieren, der Poststrukturalismus, »die Postmoderne« oder »der Konstruktivismus« hätten ein »postfaktisches Zeitalter« hervorgebracht, weil sie Wahrheit zu stark relativiert hätten und damit eine Beliebigkeit von Wissensbeständen suggerierten (siehe zu dieser Diagnose Williams

2010; D'Ancona 2017).[2] Die drei Vorschläge, die ich ins Zentrum meiner Überlegungen stellen möchte – öffentliche, parteiliche und positionierte Soziologie –, weisen jeweils den Mythos der Neutralität wissenschaftlicher Wissensproduktion zurück. Die Positionen denken darüber nach, wie der Involviertheit mit der Welt, die man erforscht, Rechnung zu tragen ist, und fragen, inwieweit aus dieser Verstrickung eine spezifische Verantwortung von Wissenschaft folgt.

Es geht mir nicht darum, einen erschöpfenden Überblick der soziologischen Thematisierungen der Frage von Verortung und Reflexivität soziologischer Forschung zu geben; vielmehr nutze ich Ansätze, die dabei helfen, ein Verständnis *positionierter* Wissenschaft zu schärfen. Dies scheint mir auch vor dem Hintergrund der zunehmenden Verkürzung der Bedeutung von Positionierung auf identitäre Marker der erkennenden Subjekte und damit einhergehenden Verunglimpfungen von Forschung als »Identitätspolitik« von besonderer Bedeutung. Ich stelle zunächst die Programme öffentlicher (1.) und parteilicher Wissenschaft (2.) vor und arbeite Stärken und Schwächen der beiden Positionen heraus, bevor ich positionierte Wissenschaft näher zu bestimmen versuche und zeige, dass gerade poststrukturalistische, identitätskritische Ansätze Fallstricke in der Debatte umgehen können (3.). Im Ausblick formuliere ich weiterführende Fragen, Forschungs- und Interventionsbedarfe für die Soziologie (4.).

---

2 Innerhalb der Soziologie spiegelte sich so eine Polemik gegen Konstruktivismus bekanntermaßen in der Gründung der Fachgesellschaft Akademie für Soziologie 2017 wider, die laut ihrer Selbstbeschreibung vornehmlich eine »empirisch-analytische Soziologie« vertritt und in ihrem Gründungsaufruf feststellt: »In einer Zeit, in der populistische Bewegungen und Vorstellungen einer nur ›konstruierten‹ Wirklichkeit und ›alternativer Fakten‹ an Boden gewinnen, ist es umso notwendiger, in der Tradition der wissenschaftlichen Aufklärung nach faktenbasierten, prüfbaren und dann auch praktisch verwertbaren Erkenntnissen zu streben.« (Akademie für Soziologie 2017: 2) Alternative Fakten werden nicht nur mit einem nicht weiter spezifizierten konstruktivistischen Paradigma kurzgeschlossen, sondern auch hier wird ihnen die Forderung nach *harten Fakten* entgegengehalten, die dann in der Politikberatung zum Einsatz kommen könnten.

1. Öffentliche Soziologie

Charles Wright Mills hat 1959 in seiner Einladung zur Soziologie, in dem Buch »The Sociological Imagination«, die in der deutschen Neuübersetzung unter dem schönen Titel »Soziologische Phantasie« (2016) erschienen ist, eine Zurückweisung weiter Teile der damaligen Mainstream-Soziologie (insbesondere der Arbeiten Talcott Parsons) vorgelegt, in der er deren »Lust an der Attitüde des Unbeteiligten« (ebd.: 127) beklagt. Demgegenüber möchte Mills – ähnlich wie etwa auch Pierre Bourdieu (1996) – darauf hinweisen, dass Gesellschaftswissenschaftler*innen »definitiv auf irgendeine Weise moralisch und meist auch politisch« handeln, wenn sie Forschung betreiben (Mills 2016: 127). Mills betont das unweigerliche Moment der Involviertheit der Forschenden in einer erstaunlich aktuellen Beschreibung seiner Gegenwart der 1950er Jahre:

»So gut wie jedes Interesse und jede Macht, jede Leidenschaft und jede Vorliebe, jeder Hass und jede Hoffnung rüstet sich ideologisch auf, um mit den Schlagworten, Symbolen, Doktrinen und Appellen anderer Interessen mithalten zu können. Mit der Ausweitung und Beschleunigung der öffentlichen Kommunikation nutzt sich deren Wirkung durch Wiederholung ab; deshalb gibt es eine beständige Nachfrage nach neuen Slogans, Glaubenslehren und Ideologien. In dieser Situation der Massenkommunikation und der intensiven Öffentlichkeitsarbeit wäre es wirklich seltsam, wenn die Sozialforschung gegen die Nachfrage nach ideologischer Munitionierung immun wäre und noch seltsamer, wenn Sozialwissenschaftler diesen Bedarf nicht decken würden.« (Ebd.: 130)

Sozialwissenschaften sind, so Mills Ausgangsthese, an der Produktion von Ideologie beteiligt – sei es bewusst oder unbewusst. Dies gelte es nicht zu verleugnen, sondern vielmehr die Rolle einer engagierten Sozialforschung anzunehmen. Mills hat in diesem Zusammenhang drei mögliche politisch-engagierte Rollen unterschieden, die Sozialwissenschaftler*innen annehmen könnten: Erstens könnten sie als Philosophiekönig*innen im soziologischen Gewand auftreten. Deren expertokratischen und antidemokratischen Anspruch weist Mills jedoch als »lächerlich« (ebd.: 267) zurück. Die zweite Option liegt in der Rolle »des königlichen Beraters« (ebd.). Diese ist Mills zufolge zu seiner Zeit bereits in eine bürokratische Falle getappt, die mit Blick auf die Soziologie die immer kleinteiligere Betrachtung von Problemen und ihren Ursachen zur Folge habe und so dazu beitrage, strukturelle Probleme zunehmend unsichtbar zu machen. Eine bürokratische Vereinnahmung dieser Art müsse allerdings nicht notwendigerweise geschehen, als problematischer erachtet Mills eher die Tendenz zur Loyalität von Beratenden: »Es ist eine Loyalität, der anscheinend weder despotische Inkompetenz noch dogmatische Dummheit etwas anhaben können.« (Ebd.: 268) Demgegenüber ist die dritte mögliche Rolle der Sozialwissenschaftler*innen eine »Art öffentliche[r] Nachrichtendienst« (ebd.). Dieser gehe den jeweils eigenen Forschungen und Relevanzsetzungen nach und richte die Ergebnisse dann an ›König*innen‹ und Öffentlichkeiten. Sie arbeiten aktiv daran, »die Wirklichkeit angemessen und öffentlich relevant zu definieren« (ebd.: 284).

An diesen dritten Rollenvorschlag von Mills anschließend hat Michael Burawoy (2005) prominent für die Kultivierung einer *öffentlichen Soziologie* geworben. Er konstatiert eine in seinen Augen durchaus erstrebenswerte Arbeitsteilung innerhalb der Soziologie, wobei sich professionelle, kritische, politikberatende und öffentliche Soziologie voneinander unterscheiden ließen. Während die professionelle Soziologie mit der Herstellung methodisch kontrollierten Wissens beschäftigt sei, versteht Burawoy die kritische Soziologie als eine Art immanenten kritischen Stachel, der auf Biases in der Forschung hinweist und sozusagen die *Gewissensfunktion* der Disziplin übernimmt. Politikberatende Soziologie arbeitet hingegen häufig für Klienten und fokussiert sich auf die Problemlösung. Öffentliche Soziologie ist für ihn demgegenüber jene Soziologie, die Konversationen zwischen Öffentlichkeiten und Wissenschaft schafft, wobei er eine traditionelle von einer organischen öffentlichen Soziologie unterscheidet. Erstere umfasst klassische Einmischungen von Intellektuellen wie Zeitungsartikel oder Radiobeiträge, letztere – die organische öffentliche Soziologie – arbeitet in engem Kontakt zu sichtbaren Gegenöffentlichkeiten. Diese Variante öffentlicher Soziologie zielt auf wechselseitige Lernprozesse anstelle einseitiger Forschungsprozesse ab. Der Erfolg öffentlicher Soziologie komme von unten, nicht von oben (vgl. auch Lessenich 2022).

Die Plädoyers für öffentliche Soziologie in diesem Sinne werben für einen stärkeren Einbezug der Zivilgesellschaft, sozialer Bewegungen und Gegenöffentlichkeiten. Darüber hinaus deuten sie an, dass es als Teil und Voraussetzung soziologischer Forschung und Wahrheitsproduktion zu begreifen ist, dass ein Arbeiten an gerechteren sozialen Verhältnissen noch keinen diskreditierenden Bias bedeutet, sondern vielmehr die politische Involviertheit in Gesellschaft zur Geltung bringt, die unter dem Deckmantel ›neutraler‹ Wissensproduktion unsichtbar wird.[3] Wie so ein Arbeiten genau aussieht und welche methodologischen Instrumente und (wissenschafts-)theoretischen Orientierungen hierfür sinnvoll sein könnten, lassen Mills und Burawoy weitgehend offen. Auch der zugrundeliegende Wahrheitsbegriff bleibt bei beiden blass. Radikalisiert haben den Gedanken der notwendigen politischen Involviertheit von Wissenschaft Positionen, die sich für eine parteiliche Wissenschaft einsetzen.

2. Parteiliche Soziologie

Parteiliche Wissenschaft lässt sich dem Schema von Burawoy gemäß als eine Kopplung kritischer und öffentlicher Wissenschaft begreifen. Paradigmatisch sind dafür frühe Versuche der Begründung einer Frauenforschung, die sich als Teil emanzipatorischer Bewegungen und politischer Kämpfe begreift, und darin die Ambivalenzen einer Akademisierung des Feminismus vorwegnehmen (vgl. Hark 2005). Besonders einflussreich in der Debatte sind in diesem Zusammenhang bis heute die von Maria Mies vorgelegten »Methodischen Postulate der Frauenforschung«. Mies plädierte für die Aufgabe der Behauptung einer wertfreien Forschung und für eine Wissensproduktion, die von »bewusster Parteilichkeit« (Mies 1978: 12) ausgeht. Wissenschaft solle nicht länger in einer uninvolvierten Rolle der Zuschauenden verharren, sondern die aktive Teilnahme an Aktionen der Bewegungen im Sinne der Emanzipation zum Ausgangspunkt der Forschung machen. Die Wahl der Forschungsgegenstände müsse hierbei abhängig von allgemeinen Zielen sowie Strategien und Taktiken der Frauenbewegung verfahren. Hierarchien zwischen Forschenden und Beforschten sollten überwunden werden und eine »Sicht von unten« (ebd.) die Wissensproduktion prägen. Dabei geht es Mies nicht allein darum, gleichsam von der Wissenschaft aus mit der Politik (hier: der Bewegung) in Kontakt zu treten, sondern sie identifiziert auch einen Bias in jenen Forschungen, die dies nicht tun. Die ›Wertfreiheit‹ herkömmlicher empirischer Sozialforschung würde mit dem Preis der Verzerrung bezahlt, weil die Positionen der Unterdrückten darin immer nur zugerichtet (etwa durch Fragebögen, Kategorienbildung etc.) vorkommen. So

---

3 Für eine interessante Aufarbeitung und einen breiten Überblick über Geschichte, Gegenwart und unterschiedliche Ausgestaltungen öffentlicher Soziologie vgl. Neun (2019).

werde das Wissen dieser Gruppen entwertet oder gar nicht erst zum Bestandteil der Wissensproduktion.[4] Mies greift demnach implizit eine standpunkttheoretische Orientierung auf.

Die Standpunkttheorie wurde als epistemologisches Programm Anfang der 1980er Jahre insbesondere von Nancy Hartsock etabliert. Sie schlägt vor, die marxistische Annahme eines epistemischen Privilegs der Unterdrückten für ein feministisches, historisch-materialistisches Projekt fruchtbar zu machen (vgl. Hartsock 1983: 283). Dabei geht sie von der These aus, dass analog zum Standpunkt des Proletariats in Marx' Analyse des Kapitals das Leben von Frauen einen privilegierten Ausgangspunkt mit sich führt, durch den ein Fundament für die Kritik phallogozentrischer Institutionen und einer patriarchalen Gesellschaftsordnung gelegt werden kann. Zugespitzt liegt Hartsocks epistemologische Grundannahme darin, dass aufgrund von Herrschaftsstrukturen derjenigen Gruppe in einer Gesellschaft ein epistemisches Privileg zukommt, die aufgrund von Diskriminierungserfahrungen Standpunkte erkämpft und durch diese Kämpfe die realen Verhältnisse zum Vorschein bringt (vgl. ebd.: 285). Der Kern des spezifisch *feministischen* Standpunktes, wie Hartsock ihn entwickelt, liegt in der Artikulation der epistemisch privilegierten Perspektive unterdrückter Frauen, die basierend auf der Erfahrung geschlechtsspezifischer Arbeitsteilung als Gruppe hinter die Oberfläche der Erscheinungen dringen und die realen Verhältnisse enthüllen kann (vgl. ebd.: 304). Anders als Mies geht es Hartsock weniger darum, die aktive Beteilgung an der Bewegung zu fordern, als die epistemische Qualität spezifischer Standpunkte hervorzuheben, die Frauen und andere marginalisierte Gruppen zwar erringen müssten, deren zentrale Voraussetzung aber geteilte Erfahrung sei.

Nach jahrzehntelanger Kritik an der Vereinheitlichung einer *weiblichen* Erfahrung, die besonders von Perspektiven Schwarzer Feminismen und postkolonialen Arbeiten vorgetragen wurde, scheinen solche Ansätze veraltet, denn von welcher *gemeinsamen* Erfahrung soll hier die Rede sein (Davis 1983; Mohanty 1984)? Mit Blick auf Mies formulierte Christina Thürmer-Rohr im Zuge der Debatten um die Akademisierung des Feminismus schon in den 1980er Jahren: »Daß alle Frauen unterdrückt und ausgebeutet sind [...], ist eine so allgemeine Erkenntnis, daß sie sich nicht als tauglich erweist, um als Klammer, als Brücke in der Interaktion von Frauen, auch nicht der

---

4 Gegenwärtig führen Methoden der partizipativen Forschung verwandte Überlegungen weiter. Zu Potentialen und Grenzen dieser Perspektiven siehe die Beiträge in Flick, Herold (2021).

wissenschaftlichen Interaktion zu dienen.« (Thürmer-Rohr 1984: 73) Heute werden diese Fragen noch stärker unter den Vorzeichen der Probleme einer identitären Verengung der Wissensproduktion eruiert, in der Identität und Position vermeintlich verschmelzen – eine *weiße* Frau aus der Mittelklasse spreche dann für diese Position und nur für diese, ihr Wissen wäre dasjenige ihrer Identität. Nicht selten werden in Polemiken gegen »Identitätspolitik« und Gender Studies eben in dieser Weise Positionierungen im sozialen Raum entlang Marker wie Race, Klasse oder Geschlecht mit Standpunkten im Sinne einer inhaltlichen Positionierung und Perspektive gleichgesetzt. Ein solch »positionaler Fundamentalismus« (Villa 2020: 15) schließt Identität mit Position kurz und arbeitet gegen die poststrukturalistische Identitätskritik, die davon ausgeht, dass stabile Identitäten (und Positionen) eine wirkmächtige, aber problematische Illusion sind. Gerade die identitätskritische Stoßrichtung poststrukturalistischen Denkens ist es indes, die ein ausgewogeneres Verständnis von positionierter Wissenschaft ermöglichen könnte, eben weil sie einen »Unterschied zwischen positioniert und parteilich« macht (ebd.: 22), wie ich im nächsten Abschnitt näher erläutern werde.

Parteiliche Wissenschaft basiert auf einem problematischen Identitätsparadigma und beschränkt sich selbst auf empfindliche Art, da sie einem Fortschrittsglauben der einheitlich-linearen Emanzipation verfällt und zu Essentialisierung und Vereinheitlichung beteiligter Gruppen neigt, deren Einbettung in heterogene Machtverhältnisse in der Folge – paradoxerweise – tendenziell ausgeblendet wird. Die Plädoyers für parteiliche Wissenschaft zeigen aber durchaus, dass der *Nachrichtendienst* öffentlicher Wissenschaft so lange ebenfalls seines kritischen Stachels beraubt ist, wie er die epistemischen Grundlagen der eigenen Arbeit nicht hinterfragt. Öffentliche wie auch parteiliche Wissenschaft bringen Involviertheit zum Tragen, allerdings wird Engagement in beiden Fällen als bewusste Entscheidung gerahmt: Einmal schlüpfen die Forschenden in die Rolle der Berichtenden und Aufklärenden, einmal in jene der Alliierten. Positionierte Wissenschaft und Soziologie zielen demgegenüber auf das Eingeständnis der Unhintergehbarkeit des Engagements und suchen nach Wegen (im Plural!), diese zur Geltung zu bringen.

3. Positionierte Soziologie

Wenn man die Probleme öffentlicher und parteilicher Wissenschaft umgehen will, können apodiktische Bezugnahmen auf ›Fakten‹ allerdings nicht die Lösung sein: Sie verfallen einer positivistischen Versuchung, die darin liegt, Tatsachenwahrheiten zu behaupten und die eigene Involviertheit mit der Welt zu leugnen. An die Stelle einer Bearbeitung des Problems der Verortung tritt in solchen Ansprüchen eine Souveränitätsfiktion auf Seiten der Erkennenden, die die Möglichkeit einer ›neutralen‹ Wissensproduktion und eines von der Welt losgelösten Blicks voraussetzt. Öffentliche und parteiliche Wissenschaften plädieren demgegenüber in ihren je eigenen Weisen *für Engagement und Involviertheit*. Beide Positionen weisen aber Schwachstellen auf: Im ersten Fall involvierter als öffentlicher Soziologie bleibt der zugrundeliegende Objektivitätsbegriff unangetastet und die wissenschaftlich-öffentliche Praxis reduziert sich auf eine Vermittlungsfunktion; im zweiten Fall werden gesellschaftliche Kämpfe mit problematischen vereinheitlichenden Implikationen selbst zu voreilig und vollständig mit soziologischer, wissenschaftlicher Wissensproduktion gleichgesetzt. Positionen, die beide Verkürzungen zu umgehen versuchen und dennoch keinem positivistischen Paradigma folgen, möchte ich hier als »positionierte Soziologie« begreifen und diskutieren. Im Zentrum dieses Versuchs stehen die Ansätze des französischen Soziologen Geoffroy de Lagasnerie und der bereits erwähnten Donna Haraway. Eine abwägende Diskussion ihrer jeweiligen Überlegungen erlaubt es, Fallstricke und Potentiale des Engagements als Positionierung auszuloten.

De Lagasnerie hat eine flammende Intervention gegen die Phantasie unengagierter Wissenschaft und neutraler (sozialwissenschaftlicher) Wissensproduktion vorgelegt. Im Anschluss an Max Horkheimer und Theodor W. Adorno argumentiert er, dass Wissenschaft in einer »ungerechten, kritikwürdigen Welt« (de Lagasnerie 2018: 19) immer schon in der einen oder anderen Weise engagiert sei. Der Begriff des Engagements selbst würde bereits eine nur künstliche Grenze neu errichten: eine Grenze zwischen Wissen und Politik. Wissenschaft werde in dieser Weise einem Außen gegenübergestellt – der Öffentlichkeit oder der Politik. Der Entschluss, zu schreiben und denken, sei jedoch selbst ein engagierter Entschluss. Dies nicht nur, weil diese Praktiken in Gesellschaft und Politik eingelassen sind, sondern auch weil ein unengagiertes Schreiben, Denken und Forschen zur Aufrechterhaltung des Status quo beiträgt, also nicht unpolitisch ist, sondern systemstabilisierend:»Man muss die (falsche) ›Neutralität‹ als ein Engagement gegen das

Engagement, als Leugnung der Situation des Engagiertseins begreifen.«
(Ebd.: 27) Vor diesem Hintergrund fordert de Lagasnerie auch einen em-
phatischen Wahrheitsbegriff. Wahrheit habe eine gesellschaftspolitische
Tragweite und könne daher als »aktiver und oppositioneller Begriff« gefasst
werden (ebd.: 60). Oppositionelles Wissen ist für ihn infrage stellendes Wissen, Wissen gegen die Institutionen und gegen die Falschheit der Welt (ebd.:
61 f.) – es definiere sich elementar durch einen »Willen zur Destabilisierung
der Welt« (ebd.: 43). Eine sozialwissenschaftliche Wissensproduktion, die
diesen destabilisierenden Anspruch einlöst, könne vor dem Hintergrund
einer Erneuerung systemischen Denkens geschehen:

> »Wenn wir eine Sozialwissenschaft hervorbringen wollen, die imstande ist, die Welt
> zu destabilisieren, und mit ihren Untersuchungen nicht deren Funktionieren ratifi-
> ziert, dann müssen wir uns einen Ansatz zu eigen machen, der die Wirklichkeit vom
> System und vom Problem aus angeht und mit dem Prinzip der Fallstudie bricht.«
> (Ebd.: 80 f.)

Induktiv verfahrenden Teilstudien wirft de Lagasnerie vor diesem Hintergrund nicht weniger als Konformismus vor, da sie nicht dazu in der Lage
seien, Aussagen über die Totalität zu treffen (ebd.: 87 ff.). In dieser Weise
blieben sie »blind für die Machtsysteme« (ebd.: 87), die sie in ihrer Ignoranz
reproduzierten. Der Ausweis von einzelnen institutionellen Mechanismen
der Produktion von Ungleichheit und Diskriminierung würde den Rahmen,
also die umfassenden Apparate und Institutionen, auf denen sie beruhen,
nicht in Frage stellen (ebd.: 88 f.).

So wichtig de Lagasneries Emphase ist, dass die Anrufung von Fakten
und neutraler Wissenschaft selbst als politischer Akt verstanden werden
muss, so wenig überzeugend ist seine Vision einer Erneuerung des systemischen Denkens und zeugt ihrerseits von Ignoranz. Es ist auffällig, dass die
gesamte Traditionslinie feministischer Wissenschaftskritik in seinem Essay
nicht vorkommt, die seit Jahrzehnten Rhetoriken der Totalität zurückweist
und sich an Potentialen und Grenzen kollaborativer, verknüpfender und
pluraler Wissensproduktion abarbeitet. Im Anschluss an die ältere Kritische
Theorie Frankfurter Tradition, die freilich – wie auch de Lagasnerie selbst –
erkenntniskritische Intuitionen mit einer feministischen Kritik der Wissenschaften teilt (vgl. etwa Horkheimer 1988: 172 f.), neigt diese Perspektive
dazu, selbst einen »göttlichen Trick« zu vollziehen und eine vereinseitigende
Perspektive auf oppositionelle Wissensproduktion vorzuschlagen. Dieser
»göttliche Trick« – also die Behauptung eines Blicks von Nirgendwo und
Überall – ist in der Aufforderung zu systemischem Denken angelegt, die

Teilstudien abwertet und sogar delegitimiert. Hier wird vorausgesetzt, dass wirksame systemische Logiken ›uns‹ als erkennender Subjektposition bereits bekannt sind. Ein solcher Fokus auf ›die Totalität‹ lässt völlig außer Acht, dass einzelne Gegenstandsbereiche analytisch nicht zwangsläufig eine räumliche und zeitliche Abgrenzung im Sinne eines Präsentismus bedeuten, sondern Phänomene und analytische Begegnungen expansiv sind. Jede Situation ist eine Implosion ganz unterschiedlicher Ebenen, die nicht im Vorhinein bekannt sind, denen sich über die Analyse konstitutiver Verflechtungen genähert werden kann und die ihre je eigenen Möglichkeiten und Unmöglichkeiten in Kraft setzen. Situationen weisen über sich hinaus und freilich lassen sich Teilanalysen mit Strukturanalysen verbinden.

Auf solche methodologischen Möglichkeiten der Verknüpfung mit schwach standpunkttheoretischen Orientierungen hat eine ganze Reihe feministischer Wissenschaftstheoretiker*innen hingewiesen (etwa Collins 1986; Harding 1994). In Haraways Theorem *Situierten Wissens* begründen Übersetzungs- und Verknüpfungsbewegungen sogar einen Objektivitätsbegriff, der sich von Neutralitätsannahmen verabschiedet (vgl. Hoppe 2021: 72 ff.). Entgegen klassisch standpunkttheoretischen Positionen argumentiert Haraway allerdings auf Seiten der Erkennenden nicht für »die Subjektposition der Identität«, sondern »die der Objektivität, d.h. der partialen Verbindung« (Haraway 1995: 86). Damit trägt sie der Einsicht Rechnung, dass Subjekte nie nur an einem Ort sind und nie als Einheitliche, Abgeschlossene erkennen können und umgeht den identitär-verengenden Fallstrick parteilicher Wissenschaft: »Es gibt keine Möglichkeit an allen Positionen zugleich oder zur Gänze an einer einzigen privilegierten (unterdrückten) Position zu ›sein‹, die durch Gender, Rasse [sic], Nation und Klasse strukturiert wird.« (Ebd.) Erkennende sind gespalten, in sich heterogen, und auch das von ihnen produzierte Wissen ist in diesem Sinne partial. Haraway bezieht mit diesem Gedanken die poststrukturalistische Subjektkritik auf ein feministisch-wissenschaftstheoretisches Programm und schlägt Partialität und – im Anschluss an Marilyn Strathern (1991) – das Knüpfen partialer Verbindungen als Gegenprogramm zu Relativismus oder Perspektivismus vor: »Die Alternative zum Relativismus ist eine Vielfalt partialen, verortbaren, kritischen Wissens, das die Möglichkeit von Netzwerken aufrechterhält« (ebd.: 84). Zentral für Haraways Konzept der Partialität ist demnach die Unabgeschlossenheit von Wissensbeständen, die deren Verknüpfungen und Veränderungen – Neuverortungen – zulässt. Partiale Wissen können, wie unvollständig auch immer, übersetzt, als solche auch potentiell verbunden werden und lassen so Neues entstehen. In solchen Prozessen muss Haraway zufolge entschieden auf der Eingebundenheit der Erkennenden in die Welt beharrt werden und darauf, dass es keine ambivalenzfreien Positionen in ihr geben kann: Solche Wissenschaft ist unhintergehbar *positioniert*.

De Lagasnerie überführt eine ganz ähnliche Einsicht in die Positioniertheit von Wissenschaft in die Notwendigkeit der Produktion oppositionellen Wissens als infragestellendes Wissen, das dann die Falschheit der Welt sukzessive auflösen, zumindest aber destabilisieren soll. Dadurch schließt er allerdings viele (kritische) Wissensproduktionen aus, denn der Fokus liegt allein auf de(kon)struktiven Zugängen. Haraways Idee der Verknüpfung partialer Perspektiven basiert hingegen auch auf der Vorstellung, dass teilweise Affirmationen mit Verortungsleistungen als Positionierungen einhergehen können und als solche weniger anfällig dafür sind, sich vermeintlich aus dem Geschehen – aus der Welt mit ihren Widersprüchen, Macht- und Herrschaftsverhältnissen – herauszunehmen, also eine ihrerseits unschuldige beziehungsweise unproblematische, nicht markierte oder eben neutrale Position zu behaupten: »Positionierung ist daher die entscheidende wissensbegründende Praktik […]. Positionierung impliziert Verantwortlichkeit für die Praktiken, die uns Macht verleihen. Politik und Ethik sind folglich die Grundlage für Auseinandersetzungen darüber, was als rationales Wissen gelten kann.« (Haraway 1995: 87) Wissenschaft, die sich solch »positionierte[r] Rationalität« verschreibt (ebd.: 91), schließt nicht ab, sondern öffnet und kann sich als politisierend begreifen, da Probleme hierin auch neu aufgeworfen werden. Ziel ist es weniger, Probleme zu lösen (vgl. Popper 1969: 105 f.), als sie zur Diskussion zu stellen oder überhaupt aufzuwerfen: Wissenschaft ist das »paradigmatische Modell nicht für Abgeschlossenheit, sondern für das, was bestreitbar ist und bestritten wird« (Haraway 1995: 90). Es geht dieser Theorie der Umstrittenheit nicht so sehr um die »Überprüfung« von Wissen, sondern darum, Wissensbestände in produktive (Streit-)Gespräche zu bringen: Gespräche, die der Heterogenität und den Widersprüchen ihrer jeweiligen Gegenstände und Gegenwarten Rechnung tragen und Übersetzungsleistungen vornehmen. Dies lässt sich als Plädoyer für Transdisziplinarität ebenso verstehen wie für einen Wahrheitsbegriff, der radikal antiautoritär ist, da die (auch politische) Streitbarkeit von Wissen als Voraussetzung für Objektivität verstanden wird. Haraways Position anerkennt, dass Wahrheit und Objektivität nicht »leicht zu haben« sind, sondern aus engagierten Prozessen hervorgehen und für neue Verknüpfungen und Revisionen offengehalten werden müssen. Solch positionierte Wissenschaft operiert mit einer »leidenschaftliche[n] Unvoreingenommenheit« (ebd.: 85), die weder identitätspolitische Verkürzungen in wissenschaftspolitische Positionierungen einschreibt oder Wissenschaft als Aktivismus versteht, noch eine alleinige Schaltstelle zwischen Öffentlichkeit und Wissenschaft bespielt, sondern Involviertheit poststrukturalistisch informiert so theoretisiert, dass Wahrheit als umstritten und vorläufig erscheinen kann, ohne dass sie ihre Autorität im Sinne der Möglichkeit eines Erhebens von Objektivitätsansprüchen einbüßt.

4. Ausblick

Die skizzierte identitätskritische und relationale Stoßrichtung positionierter Wissenschaft kann der Rede vom Postfaktischen etwas entgegensetzen. Relationalität wird dabei zum obersten Prinzip der Theoriebildung, ihr Ergebnis ist aber nicht Symmetrie und Harmonie, Verflüssigung und Relativismus, sondern Spezifizität und Konflikt, Verortung und Positionierung. In dieser Weise kann eine relationale als positionierte Wissenschaft die Alternative zwischen Universalismus und Relativismus zurückweisen: »Selbstidentität ist ein schlechtes visuelles System, Verschmelzung eine schlechte Strategie der Positionierung.« (Haraway 1995: 85 f.) Die Gefahren und Verkürzungen öffentlicher und parteilicher Soziologie werden umgangen, ohne deren wertvolle Einsichten zu kassieren. Weder muss sich positionierte Wissenschaft allein als Mittlerin verstehen, noch kauft sie in ein parteiliches, identitären Verengungen verpflichtetes Engagement ein. Ihr Engagement ist *von* dieser Welt in dem Sinne, dass sie Verortungsleistungen zum Dreh- und Angelpunkt der Wissensproduktion macht. Ich verstehe positionierte Wissenschaft als ein Gegengift zum »Postfaktischen«, das theoriestrategisch auf der Essenzialismus- und Identitätskritik aufbaut. Selbstverständlich ist auch sie nicht immun gegen wissenschaftsfeindliche Vereinnahmungen oder autoritäre Festschreibungen als Position *der* Wissenschaft schlechthin. Indem sie aber offensiv mit ihrer Verortung umgeht, muss sie weder Neutralität noch Parteilichkeit zu unhintergehbaren Maßstäben wissenschaftlicher Wissensproduktion erheben und führt ihre eigene Revidierbarkeit mit sich. Dies schwächt Objektivität nicht, sondern macht deutlich, dass »bessere Darstellungen der Welt« (Haraway 1995: 78) eine unabgeschlossene Aufgabe bleiben, die nicht nur eine, sondern viele Wissensbestände und Expertisen fordert. Gerade ein soziologisches

Ethos mit einem hohen Grad an Reflexivität über ihre Involviertheit mit dem Forschungsobjekt und einer Affirmation der Multiparadigmatik (Scheffer, Schmidt 2019) kann hierzu über disziplinäre Grenzen hinweg beitragen. Anstatt die poststrukturalistische Wissenschaftskritik in diesem Zusammenhang über Bord zu werfen, gilt es dabei vielmehr sie im Sinne positionierter Wissenschaft weiter auszuarbeiten und zu erproben.

Literatur

Akademie für Soziologie 2017: Aufruf zur Gründung einer »Akademie für Soziologie«. https://akademie-soziologie.de/die-akademie/ziele-und-aufgaben/, letzter Aufruf am 17. Januar 2023.

Behrendt, Gianna / Henkel, Anna 2018: 10 Minuten Soziologie: Fakten. Bielefeld: transcript.

Bogner, Alexander 2021: Die Epistemisierung des Politischen. Wie die Macht des Wissens die Demokratie gefährdet. Stuttgart: Reclam.

Bourdieu, Pierre 1996: Störenfried Soziologie. In Joachim Fritz-Vannahme (Hg.), Wozu heute noch Soziologie? Opladen: Leske + Budrich, 65–70.

Burawoy, Michael 2005: For Public Sociology. American Sociological Review, vol. 70, no. 1, 4–28.

Canguilhem, Georges 1979: Wissenschaftsgeschichte und Epistemologie. Gesammelte Aufsätze. Frankfurt am Main: Suhrkamp.

Collins, Patricia Hill 1986: Learning from the Outsider Within: The Sociological Significance of Black Feminist Thought. Social Problems, vol. 33, no. 6, 14–32.

D'Ancona, Matthew 2017: Post-Truth. The New War on Truth and How to Fight Back. London: Ebury Press.

Davis, Angela 1983: Women, Race & Class, New York: Vintage Books.

De Lagasnerie, Geoffroy 2018: Denken in einer schlechten Welt. Berlin: Matthes & Seitz.

Flick, Sabine / Herold, Alexander (Hg.) 2021: Zur Kritik der partizipativen Forschung. Forschungspraxis im Spiegel der Kritischen Theorie. Weinheim: Beltz Juventa.

Foucault, Michel 1971: Die Ordnung der Dinge. Eine Archäologie der Humanwissenschaften. Frankfurt am Main: Suhrkamp.

Haraway, Donna 1995: Situiertes Wissen. Die Wissenschaftsfrage im Feminismus und das Privileg einer partialen Perspektive. In Donna Haraway, Die Neuerfindung der Natur. Primaten, Cyborgs und Frauen. Frankfurt am Main, New York: Campus, 73–97.

Harding, Sandra 1994: Das Geschlecht des Wissens. Frauen denken die Wissenschaft neu. Frankfurt am Main, New York: Campus.

Hark, Sabine 2005: Dissidente Partizipation. Eine Diskursgeschichte des Feminismus. Frankfurt am Main: Suhrkamp.

Hartsock, Nancy 1983: The Feminist Standpoint. Developing the Ground for Specifically Feminist Historical Materialism. In Sandra Harding / Merrill B. Hintikka (eds.), Discovering Reality. Feminist Perspectives on Epistemology, Metaphysics, Methodology, and Philosophy of Science. Dordrecht: Reidel, 283–310.

Hoppe, Katharina 2021: Die Kraft der Revision. Epistemologie, Politik und Ethik bei Donna Haraway. Frankfurt am Main, New York: Campus.

Horkheimer, Max 1988: Traditionelle und kritische Theorie. In Max Horkheimer, Gesammelte Schriften, Band 4: Schriften 1936–1941. Frankfurt am Main: Fischer, 162–216.

Keller, Evelyn Fox 1986: Liebe, Macht und Erkenntnis. Männliche oder weibliche Wissenschaft? München, Wien: Hanser.

Latour, Bruno 1987: Science in Action. How to Follow Scientists and Engineers Through Society. Milton Keynes: Open University Press.

Lessenich, Stephan 2022: Petite Auberge Aufbruch. Zu den Möglichkeitsräumen kritischer Sozialforschung heute. SOZIOLOGIE, 51. Jg., Heft 2, 115–126.

Mies, Maria 1978: Methodische Postulate zur Frauenforschung – dargestellt am Beispiel der Gewalt gegen Frauen. Beiträge zur feministischen Theorie und Praxis, 1. Jg., Heft 1, 41–63.

Mills, C. Wright 2016: Soziologische Phantasie. Wiesbaden: Springer VS.

Mohanty, Chandra Talpade 1984: Under Western Eyes: Feminist Scholarship and Colonial Discourses. boundary, vol. 2, no. 12/13, 333–358.

Neun, Oliver 2019: Öffentliche Soziologie. Baden-Baden: Nomos.

Popper, Karl R. 1969: Die Logik der Sozialwissenschaften. In Theodor W. Adorno / Hans Albert / Ralf Dahrendorf / Jürgen Habermas / Harald Pilot / Karl R. Popper (Hg.): Der Positivismusstreit in der deutschen Soziologie. Neuwied, Berlin: Luchterhand, 103–124.

Scheffer, Thomas / Schmidt, Robert 2019: Für eine multiparadigmatische Soziologie in Zeiten existentieller Probleme. SOZIOLOGIE, 48. Jg., Heft 2, 153–173.

Strathern, Marilyn 1991: Partial Connections. Savage: Rowman & Littlefield.

Thürmer-Rohr, Christina 1984: Der Chor der Opfer ist verstummt. Beiträge zur feministischen Theorie und Praxis, 11. Jg., Heft 7, 71–84.

Van Dyk, Silke 2017: Krise der Faktizität? Über Wahrheit und Lüge in der Politik und die Aufgabe der Kritik. PROKLA, 47. Jg., Heft 188, 347–367.

Villa, Paula-Irene / Speck, Sarah 2020: Das Unbehagen der Gender Studies. Ein Gespräch zum Verhältnis von Wissenschaft und Politik. Open Gender Journal, 4. Jg., 1–26. https://doi.org/10.17169/ogj.2020.141, letzter Aufruf am 17. Januar 2023.

Vogelmann, Frieder 2016: Postfaktisch. Soziopolis vom 20. Dezember 2016. https://www.soziopolis.de/postfaktisch.html, letzter Aufruf am 17. Januar 2023.

Williams, Bernard 2010: Truth and Truthfulness. An Essay in Genealogy. Princeton: Princeton University Press.

Learning by Doing im Beruf

Was im Soziologiestudium fehlt

Gerhard Schulze

Die Gesellschaft entdeckt die Soziologie

Bis heute wirkt nach, wie streng Max Weber war, wenn es um Werturteile in der Wissenschaft, zumal der Soziologie ging. Er setzte sogar durch, das Verbot von Wertureilen in die Statuten der Deutschen Gesellschaft für Soziologie zu übernehmen. Andererseits gestand er zu, dass Werturteile an einem bestimmten Punkt der Wissenschaft unvermeidlich seien – bei der Themenwahl: Was ist so wichtig, dass es zum Forschungsgegenstand werden sollte? Speziell: zum soziologischen Forschungsgegenstand. In der Medizin ist dies ja naheliegend. Aber in der Soziologie?

Eine mögliche Antwort begegnete mir früh in meinem Leben, als mein Vater, ein Theologe, zu promovieren begann, und zwar über ein Buch von Helmut Schelsky, »Die skeptische Generation« (1957), einer der ersten soziologischen Bestseller der Nachkriegszeit. Schelsky leistet in diesem Buch viel kategoriale Arbeit, vor allem zu den Begriffen von Jugend, Generation, vorindustrielle und industrielle Gesellschaft.

Aus Sicht des Lesepublikums und aus Sicht meines Vaters war dies jedoch nicht die Hauptsache. Worauf es den Rezipienten jenseits der Soziologie hauptsächlich ankam, war etwas anderes: Schelsky hatte ein Angebot an die Menschen der damaligen Zeit vorgelegt, sich selbst zu verstehen. Bedarf gab es nach Hitler und dem Krieg genug.

Diesen immer wieder neuen Selbstdeutungsbedarf von Menschen einer gegebenen Epoche hatte auch Max Weber im Auge, als er über das in der Themenwahl liegende Werturteil nachdachte. Allgemein und normativ ausgedrückt: Die Soziologie soll sich mit dem beschäftigen, was die Menschen beschäftigt.

Immer wieder sind seit damals soziologische Zeitdiagnosen in die Charts gekommen, und dies geht immer weiter, in den vergangenen Jahren etwa mit Büchern von Hartmut Rosa über Zeitstrukturen (2005), von Andreas Reckwitz über die »Gesellschaft der Singularitäten« (2017) oder von Steffen Mau über »Das metrische Wir« (2017). Die Resonanz dieser und vieler ähnlicher Bücher über die Jahrzehnte hinweg lässt sich in einem Satz zusammenfassen: Die Gesellschaft entdeckt die Soziologie. Dies drückt sich inzwischen mehr und mehr auch in den Berufslaufbahnen derer aus, die ein Soziologiestudium abgeschlossen haben.

Ankunft der Soziologie in der Berufswelt

Lange Zeit gab es jenseits der akademischen Sphäre kaum Soziologinnen oder Soziologen. Wer Soziologie studierte, blieb an der Universität oder in der universitätsnahen Forschung. Inzwischen hat sich dies längst geändert. Wenn man sich die Laufbahnen von Absolventen ansieht, zeigt sich in den letzten Jahrzehnten nach und nach ein Marsch in die Berufe. Jenseits der akademischen Sphäre hat sich eine zweite, gesellschaftsnahe Sphäre soziologischer Beruflichkeit ausgebildet: in Unternehmen, Medien, Marktforschung, öffentlicher Verwaltung, Politik, Bildungseinrichtungen und in einer neuen Form von Beratung, die sich immer mehr etablieren wird – als soziologische Beratung.

Dabei ist vor allem an jenes Aufgabenfeld zu denken, das mit dem relativ neuen Begriff der Mediation gemeint ist. Mediation ist professionelle Beziehungs- und Kommunikationsberatung und gehört damit zur Kernkompetenz der Soziologie. In Zukunft wird sich die Soziologie vermutlich mehr und mehr dort etablieren, wo gegenwärtig noch Psychologie, Pädagogik und Jurisprudenz dominieren.

Allgemein gefragt: Warum wird die außeruniversitäre Laufbahn immer wichtiger? Weil in immer mehr Berufsfeldern soziologische Kompetenz gebraucht wird (Genaueres dazu weiter unten). Die Entdeckung der Soziologie, die sich in der langen Reihe zeitdiagnostischer Bücher seit Schelsky und anderen zeigt, setzte sich in der Berufswelt jenseits der akademischen Sphäre fort. Soziologie ist inzwischen in beiden Kontexten zuhause.

Die außerakademische Welt sucht den Kontakt mit der Soziologie

Ich selbst habe zwar immer nur der akademischen Sphäre angehört, bin also ein typischer Fall für die allmählich in den Hintergrund tretende Laufbahn, nichtsdestoweniger ist aber auch in diesem Rahmen im Lauf der Zeit mehr und mehr außerakademische Nachfrage nach Soziologie auf mich zugekommen. Ich wurde Hunderte von Malen eingeladen zu Diskussionsrunden, Vorträgen mit Diskussion, Workshops, Beiträgen in Radio, Fernsehen und Printmedien; ich wurde angerufen, weil Interessenten die Meinung eines Soziologen zu ganz verschiedenen Fragen hören wollten; ich wurde in der Universität von ebensolchen Fragestellern besucht, mit denen ich dann ein paar Stunden zusammensaß.

Die Kontaktaufnahmen kamen von Unternehmen, von politischen Akteuren und Vereinigungen, aus der öffentlichen Verwaltung, von Verbänden aller Art (etwa Architektur, Technik, Kraftwerksbau, Bildung), und besonders oft von den Medien (Rundfunk, Fernsehen, Printmedien), jeweils mit Bezug auf aktuelle öffentliche Diskurse und gegenwartsdiagnostische Themen.

Meine These ist nun, dass die Soziologieausbildung zwar einiges für die Welt der Berufe jenseits der akademischen Sphäre mitgibt, nämlich professionelles soziologisches Wissen, dass aber auch etwas fehlt, was gleich noch ausführlicher darzustellen ist. Zunächst aber ist kurz auf den Anlass dafür einzugehen.

Eine immer wieder gestellte Frage

Bei meinen Kontakten mit der außerakademischen Welt ist mir immer wieder ein bestimmtes Leitmotiv begegnet, so unterschiedlich die Bereiche beruflicher Praxis auch gewesen sein mögen, etwa Produktinnovation, Unternehmensorganisation, Resozialisierung, Inklusion, Arzt-Patienten-Gespräch, schulische Leistungsanforderungen. Konkret ging es um scheinbar Unverbundenes, aber abstrakt gesehen stand immer wieder *eine* Frage im Mittelpunkt: »Was tun wir eigentlich gerade?«

Das »Wir« in dieser Frage verweist auf Kollektivität, ob es sich nun um zwei Personen handelt, um eine Nation oder um die Weltgesellschaft. So, wie ich diese Frage verstanden habe, zielt sie auf den Kern der Soziologie ab. Die Soziologie ist eine interpretative Wissenschaft, die das zu erfassen sucht, was Menschen in kollektiven Zusammenhängen denken und tun. Weil sich dies ständig ändert, stellt sich die Frage immer wieder neu. Der Wunsch nach aktualisierter Beschreibung kollektiven Zusammenlebens ist eine permanente Arbeitsbeschaffungsmaßnahme für die Soziologie. Dahinter steht der Wunsch nach vernünftigem Handeln.

Empirische und normative Aspekte sind in der Hauptfrage an die Soziologie stets miteinander verbunden. Hier manifestiert sich jene Form von Normativität in der Wissenschaft, die Weber explizit akzeptiert hat: als Themenwahl in der Forschung. Er meinte aber gewiss nicht, dass sich die Wissenschaft, speziell die Soziologie, aus allen normativen Diskursen jenseits der Themenwahl heraushalten sollte. Man kann über beliebige Werturteile intersubjektiv verbindlich diskutieren, und gerade im Diskurs der Soziologie mit der außersoziologischen Sphäre sollte dies auch geschehen, mindestens auf dreierlei verschiedene Weise: über die impliziten empirischen Prämissen von Werturteilen, über ihre logische Stimmigkeit und über ihre Vereinbarkeit mit übergeordneten Normen, die von allen Gesprächspartnern akzeptiert werden.

Aber kann dies auch jemand verstehen, der keine soziologische Ausbildung durchlaufen hat? Wenn nicht, käme die Soziologie nicht aus jener Selbstbezüglichkeit heraus, die ihr immer wieder vorgeworfen wird. Kann also die Soziologie mit der außerakademischen Sphäre kommunizieren?

Gemeinsamkeiten zwischen Soziologie und Alltagsdenken

Es ist wichtig, das in Worte zu fassen, was die Soziologie als Wissenschaft tut. Doch wo soll man da anfangen und aufhören? Als Beispiel möge eine Situation dienen, die ich einmal erlebte, als ich in einem Optikergeschäft war, um eine neue Brillenfassung zu kaufen. »Wofür sind Sie denn Professor?«, fragte mich die Verkäuferin. »Für Soziologie«, sagte ich. Auf die Gegenfrage, die dann kam, war ich gefasst: »Und was ist das eigentlich? Worum geht es da?«

Was soll man sagen? Hier hilft ein Satz weiter, der von Ervin Goffman stammen könnte: Wir alle sind Soziologen. Denn wenn wir alle Theater spielen, wie der Titel von Goffmans berühmtem Buch lautet, dann müssen wir, in welcher alltäglichen Begrifflichkeit auch immer, soziologisch denken. Dabei konzentriert sich das Alltagsdenken wie die Soziologie auf einige wenige

Hauptdimensionen. Die Soziologie kann deshalb auch jenseits der akademischen Sphäre gut verstanden werden, wenn sie sich verständlich ausdrückt. Ich versuchte also in der Szene mit der Verkäuferin, beim Alltäglichen anzudocken, bei dem, was man in der Alltagssprache unter einer »Beziehung« versteht: die längerfristige Koexistenz zweier Personen.

Um diese Koexistenz zu beschreiben, genügen drei Hauptaspekte: *Erstens* sich wiederholende Abläufe, die Eric Berne in seinem berühmten Buch »Spiele der Erwachsenen« nennt (Berne 1967). Als Beispiel zitiere ich eine seiner Formeln, mit denen er Spiele charakterisiert – »Wenn du nicht wärst«. Der *zweite* Hauptaspekt sind geteilte Sinnwelten – was sich zwei Partner beispielsweise unter einer guten Beziehung vorstellen. Und der *dritte* Hauptaspekt sind Verteilungen – etwa von Geld, Arbeit, Zeit zur freien Verfügung, aber auch von Eigenschaften. In einer schlechten Beziehung laufen schlechte Spiele; die Sinnwelten prallen immer wieder unvereinbar aufeinander; und die ungleiche Verteilung von Gütern und Eigenschaften erzeugt ständig Irritationen. Nach diesen drei Aspekten lassen sich beliebige Kollektive so beschreiben, dass daraus eine Antwort auf die immer wieder gestellte Frage »Was tun wir eigentlich?« wird, etwa in Paarbeziehungen, Unternehmen, politische Parteien, Nationen.

Was die Soziologie dem Alltagsdenken voraus hat

Das versuchte ich, der Verkäuferin klarzumachen, und ich hatte insofern Erfolg, als sie schließlich sagte: »Ach so, damit beschäftigt sich also die Soziologie. Aber das ist ja gar nichts Besonderes, das tun wir doch alle die ganze Zeit. Das kann doch jeder.« »Das schon«, sagte ich. »Aber dabei passieren Fehler und Ungenauigkeiten, die sich vermeiden lassen, wenn man Soziologie studiert hat.« An der Stelle war ich nun versucht, ausführlicher zu werden. Mit mehr Zeit und in einem anderen Rahmen hätte ich durchaus auch der Verkäuferin sagen können, was ich meinte. Die besondere Leistung der Soziologie gegenüber dem Alltagsdenken lässt sich auf eine Kurzformel mit zwei Gesichtspunkten bringen:

Die Soziologie kann *erstens* Abstand halten. Sie ergreift nicht Partei, sondern beobachtet distanziert und in methodisch qualifizierter Weise die soziale Wirklichkeit und sagt, was Sache ist. Ihre Parteinahme beschränkt sich, dem Imperativ Max Webers entsprechend, hauptsächlich auf die Wahl ihrer

Themen. Dabei bleibt es zwar nur teilweise, aber das ist auch gut so, denn die Adressaten der Soziologie erwarten durchaus über die Themenwahl hinausgehende Stellungnahmen: Was scheint vernünftig, was nicht?

Zum *zweiten* verfügt die Soziologie über Betrachtungsweisen, die das Wesentliche auf den Punkt bringen.[1] Ich meine damit drei Formen der geistigen Selbstorganisation: Grundbegriffe wie Rolle, Institution, System, Struktur, Funktion, Herrschaft, Position und so weiter; Methoden der Erhebung und der Zusammenfassung von Informationen wie Statistik und Typisierung; erkenntnistheoretische Explizitheit, etwa: Was heißt Wahrheit (je nachdem, ob es um Logik, Empirie oder Werte geht)? Was heißt Wissenschaft? Wie bildet und kritisiert man Begriffe? Was kann man bei einem Dissens über Werte tun, ohne mit den Fäusten aufeinander loszugehen?

Das alles fällt einem nicht in den Schoß. Das muss man studieren, um es zu können. Viele hervorragende Geister, deren Erbe die Soziologie verwaltet, haben im Lauf von Jahrhunderten darüber nachgedacht und dazu publiziert, von Aristoteles über Max Weber bis Niklas Luhmann.

Soziologie als Wissenschaftstypus

Wenn man sich all dies vor Augen hält, tritt die Soziologie als ein bestimmter Wissenschaftstypus hervor, der sich fundamental von den Naturwissenschaften unterscheidet, wie etwa Werner Kogge in seiner »Einführung in die Wissenschaften« (2022) herausarbeitet. Die Naturwissenschaften: etwa Physik, Chemie, Biologie, Astronomie oder Werkstoffwissenschaften haben es mit einer objektiven, invariant strukturierten Wirklichkeit zu tun. Die Geschichte dieser Wissenschaften lässt sich als langsame Annäherung an die Wahrheit beschreiben, in einem kumulativen Prozess, bei dem Nachfolger auf den Erkenntnissen von Vorgängern aufbauen können. Dieser Prozess ist unabhängig von der Kultur, in der er sich entwickelt. Verschiedene Kulturen finden Gleiches heraus, wie James Poskett in seinem gerade auf Deutsch erschienen Buch über die Globalgeschichte der Wissenschaft darstellt (Poskett 2022).

Die Fortschrittspfade der Soziologie sehen anders aus: Anreicherung des Bestandes an fundamentalen Betrachtungsweisen – Erweiterung und Steigerung methodischen Wissens – Aktualisierung bisheriger Beschreibungen von Kollektiven durch neue Diagnosen, die jeweils auf der Höhe der Zeit sind.

---

1 Zur »Soziologie als Handwerk« siehe Schulze (2019).

Suche nach Anschlussfähigkeit

Soziale Wirklichkeit

Je nach Wissenschaftstypus stellen sich ganz unterschiedliche kommunikative Anforderungen. In den Naturwissenschaften können und müssen die Fachleute unter sich bleiben, auch wenn es um Anwendungsfragen geht. Sowohl die Erfassung der Wirklichkeit durch immer raffiniertere Messverfahren als auch die Theoriebildung und die praktische Verwertung neuer Erkenntnisse sind am besten bei ausgebildeten Naturwissenschaftlern aufgehoben.

Für den Typus der interpretativen Wissenschaften, vor allem für die Soziologie, gilt dies nur eingeschränkt, sowohl hinsichtlich der Erfassung der sozialen Wirklichkeit als auch hinsichtlich der Vermittlung neuer Erkenntnisse. Zum einen muss die Soziologie immer wieder neu rekonstruieren, welche Spiele zwischen den Menschen ablaufen und welche Sinnwelten diesen Spielen korrespondieren. Fragebögen, Interviewleitfäden und Beobachtungsverfahren können nicht in ähnlicher Weise durch Voranschreiten auf einem gleichbleibendem Fortschrittspfad perfektioniert werden wie beispielsweise die Messverfahren der Physik. Sich *nicht* an eine einmal erfasste Wirklichkeit zu gewöhnen, muss zur systematisch praktizierten soziologischen Gewohnheit werden: jedes Mal neu hinzusehen. Soziologische Forschung ist ein nie ans Ende kommender iterativer Prozess, ein Hin und Her zwischen permanent neuer Wirklichkeit und methodologisch optimierten Erhebungsverfahren.

Vermittlung

Am Ziel ist die Soziologie aber erst, wenn sie mit den Menschen ins Gespräch kommt, auf deren permanente Frage sie antworten will: Was tun wir eigentlich gerade? Dieses Gespräch kann sich nicht in akademischen Foren abspielen, sondern nur jenseits davon, mehr und mehr in Berufswelten. Man sitzt in Teambesprechungen; oder man soll für den Vorstand auf den Punkt bringen, was in einem Unternehmen nicht gut läuft; oder man soll für das Publikum eines Massenmediums allgemeinverständlich eine Frage beantworten, die in der Öffentlichkeit gerade heiß diskutiert wird.

Dabei kommt es darauf an, spontan und alltagsnah zu formulieren, Kritik anzubringen und auszuhalten, sich verständlich zu äußern, verschiedene

Standpunkte zu erfassen und simultan aufeinander zu beziehen, und sich durchaus auch auf die Frage einzulassen, was in einer gegebenen Situation gut und vernünftig wäre und was nicht, also auch normative Fragen mit einzubeziehen oder sie erst einzubringen. Elmar Rieger (2022) betrachtet dies sogar als das Wichtigste: in öffentlichen Debatten zu artikulieren, was getan und unterlassen werden soll, und damit teilzuhaben an Diskursen über den gemeinsamen Pfad von Kollektiven in die Zukunft.

Das Defizit der Soziologieausbildung

An der Universität werden die dafür erforderlichen Fähigkeiten jedoch nicht trainiert. Seminardiskussionen verbleiben in der akademischen Sphäre, und Klausuren zielen auf die Verfügung über Prüfungswissen ab, nicht aber auf Diskurskompetenz. Im Gegensatz dazu hat Herbert Spencer über Lernen und Ausbildung gesagt: »The great aim of education is not knowledge, but action.«
    Was heißt das für die Soziologie im Beruf? Worin besteht hier *action* im Sinn von Spencer? Action besteht im Mitreden in öffentlichen Diskursen. In der Welt der Fachpublikationen und akademischen Veranstaltungen ist die Soziologie noch lange nicht am Ziel. Wenn sie dort verbleibt, wo sie entsteht und sich fortentwickelt, in der Welt der Kongresse, Tagungen, soziologischer Bücher und Zeitschriften, verfehlt sie ihre Aufgabe. Angekommen ist die Soziologie erst, wenn sie ihre Adressaten erreicht – die Menschen jenseits der Fachöffentlichkeit mit ihren »Spielen«, Sinnwelten und gegebenen Merkmalsverteilungen.

Von Learning by Doing zur rhetorischen Berufsvorbereitung

Wenn die Uni dies zu lehren vergisst, muss man es sich autodidaktisch selbst aneignen, durch *learning by doing*, mehr oder weniger, denn es gibt ja auch Naturtalente. Worauf es ankommt, ist die Fähigkeit zu spontanen Diskursen. Diese Fähigkeit versuche ich seit Jahren mit einer Veranstaltungsform zu fördern, die ich »Debattierseminar« nenne. Dafür ziehe ich aktuelle Themen öffentlicher Diskurse heran, über die dann frei diskutiert wird. Es geht dabei immer sehr lebendig zu, und es entfaltet sich jenes *learning by doing* bereits in der Universität, auf das man sonst erst nach dem Studium angewiesen ist.

Je unterschiedlicher die dabei diskutierten Themen sind, desto mehr kann das Allgemeine hervortreten. Hier zehn Themenbeispiele von vielen aus verschiedenen Debattierseminaren:

- Menschenrechte im Fokus internationaler Sportveranstaltungen
- Der Krieg in der Ukraine aus soziologischer Sicht
- Frauen in Führungsrollen
- Macht technischer Fortschritt im Zeitalter der Digitalisierung arbeitslos?
- Medien in Deutschland zwischen Anspruch und Wirklichkeit
- Corona im öffentlichen Diskurs und im privaten Alltag
- Gendern und biologischer Geschlechterdeterminismus
- Auslaufmodell Familie?
- Legalisierung von Cannabis
- Wie wir uns sehen. Persönlichkeitsmodelle aus soziologischer Sicht.

So verschieden die Themen auch sein mögen, es kommt immer auf Dasselbe an: auf die Verbindung von Rhetorik und Methodologie.

Was die *Rhetorik* betrifft, so ist die Bewältigung von Meinungsvielfalt gefragt, der Umgang mit Widerspruch und Kritik, die Einübung von Dialektik, nicht zuletzt Spontaneität und Improvisation.

Das *Methodologische* einzubringen, ist Aufgabe der Moderation. Wann immer es am Platz scheint, kann man von der Position der Gesprächsleitung aus spontan Seitenblicke auf das ganz Allgemeine werfen, etwa: Was heißt Wissenschaftlichkeit? Wo kommen unsere Begriffe her und wie urteilt man über sie? Worin genau besteht der soziologische Blick? Wie kann man empirisch, logisch und normativ urteilen? Auch dabei kommt es darauf an, Formen des *Gesprächs* zu finden und immer wieder gleiche Fragen in unterschiedlichen Kontexten zu stellen, damit das Allgemeine hervortreten kann. Die Hausarbeiten zu solchen Themen sollen sich in Stil und Argumentationsweise nicht spezifisch an die akademisch-soziologische Fachöffentlichkeit wenden, sondern an ein vorgestelltes allgemeines Publikum, das komplexe Aussagen erwartet und versteht. Anzustreben ist ein Essay im Sinn von Michel de Montaigne (1533–1592); eine Form, die dem jeweiligen persönlichen Stil und Denken Raum gibt, dabei aber durchaus den Kriterien der Wissenschaftlichkeit entsprechen soll, ohne beliebig zu sein. Die Bewertung von Hausarbeiten im Stil von Essays sollte nicht nur durch eine bloße Note

erfolgen, sondern vor allem auch in einem Wortgutachten, das die Note ausführlich begründet. Gewiss, das macht Arbeit, aber die Arbeit lohnt sich.

In der Entwicklung der Soziologie als Studienfach ist es an der Zeit, die
Verbindung von Debatte und Methodologie im Soziologiestudium zu ver-
orten, wie dies in Debattierseminaren geschehen kann. Sofern diese Verbindung nicht angeboten wird, ist man auf beim *learning by doing* auf sich selbst
gestellt.

Ausbildung zur Debatte

Zum Schluss seien kurz drei weitere Beispiele betrachtet, bei denen das De-
battieren integral zur Ausbildung gehört. Zwei davon sind jenseits der Soziologie angesiedelt: die Debattierclubs an Universitäten im angelsächsi-
schen Raum und die Tradition der Jeschiwa im Judentum. Mein drittes Beispiel gehört dagegen unmittelbar zur Sphäre der Soziologie.

Was *erstens* die Debattierclubs betrifft, so geht es dort nicht primär um
etwas Inhaltliches, sondern um reine Techniken rhetorischer Durchsetzung,
um Rankings, um Sieg oder Niederlage in rhetorischen Konkurrenzsituatio-
nen. Das mag für angehende Politiker, Juristen oder Journalisten gut sein,
verfehlt aber das Anliegen der Soziologie, bei dem es nur auf Inhalte und
sonst nichts ankommt, auf Antworten zur Frage »Was tun wir eigentlich gerade?«, die der Soziologie aus Kontexten jenseits der Soziologie entgegen-
kommt.

In der jüdischen Hochschule der Jeschiwa dagegen, *zweitens*, steht das
Inhaltliche im Vordergrund: die Auslegung von Thora und Talmud über viele Jahrhunderte hinweg, in immer wieder neuen Gegenwarten, und zwar
nicht in Form der Verkündigung eines als unfehlbar behaupteten Dogmas,
sondern in Form von Rede und Gegenrede zwischen den Jeschiwa-Studen-
ten und einem Rabbiner. Dieses Konzept kommt dem, was in einem soziologischen Debattierseminar geleistet werden kann, schon näher. Es ähnelt
der völlig ungewohnten Fassung des Begriffs des Dogmas, mit dem Friedrich Schleiermacher im 19. Jahrhundert die Theologie schockierte: Dogma,
so lehrte er, sei nicht eine feststehende Auslegung der Heiligen Schrift, sondern der jeweilige Stand der persönlichen Auseinandersetzung von Zeitgenossen mit der Bibel und dem Christlichen Glauben. Vielleicht hat dieses

Interesse an den Zeitgenossen auch meinen Vater inspiriert, als er sich in seiner theologischen Dissertation dem Buch von Helmut Schelsky über die skeptische Generation zuwandte.

Drittens schließlich: Einen ausgearbeiteten Vorschlag, das Gespräch mit der Welt jenseits der akademischen Sphäre in die soziologischen Ausbildung zu integrieren, hat vor kurzem Clemens Albrecht präsentiert: »Sozioprudenz. Sozial klug handeln« ist ein soziologischer Ratgeber für beliebige Alltagssituationen, den er zusammen mit seinen Studierenden erarbeitet hat (Albrecht 2020; Fischer, Albrecht 2018).[2] Mit vielen Beispielen wird gezeigt, wie man die Alltagsrelevanz der Soziologie im freien Gespräch erschließen kann. Die Verwandtschaft zum Konzept des Debattierseminars ist groß.

Vielleicht bewegen wir uns auf eine Zukunft zu, in der die Präsenz der Soziologie im Alltag jenseits der akademischen Sphäre ähnlich selbstverständlich sein wird, wie dies etwa für die Medizin oder die Psychologie schon seit langem gilt.

Literatur

Albrecht, Clemens 2020: Sozioprudenz. Sozial klug handeln. Frankfurt am Main: Campus.

Berne, Eric 1967: Spiele der Erwachsenen. Psychologie der menschlichen Beziehungen. Reinbek bei Hamburg: Rowohlt.

Fischer, Joachim / Albrecht, Clemens 2018: Soziologie als »Soziuprudenz«. SOZIOLOGIE, 47. Jg., Heft 1, 74–83.

Kogge, Werner 2022: Einführung in die Wissenschaften. Wissenschaftstypen, Deutungskämpfe, Interdisziplinäre Kooperation. Bielefeld: transcript.

Mau, Steffen 2017: Das Metrische Wir. Über die Quantifizierung des Sozialen. Berlin: Suhrkamp.

Poskett, James 2022: Neue Horizonte. Eine Globalgeschichte der Wissenschaft. München: Pieper.

Reckwitz, Andreas 2017: Die Gesellschaft der Singularitäten. Zum Strukturwandel der Moderne. Berlin: Suhrkamp

Rieger, Elmar 2022: Soziologie als Rhetorik. Einleitung zur Vorlesung »Gesellschaft und Gemeinschaft im Zeitalter der Globalisierung«, Bamberg, unveröffentlichtes Manuskript.

Rosa, Hartmut 2005: Beschleunigung und Entfremdung. Entwurf einer kritischen Theorie spätmoderner Zeitlichkeit. Frankfurt am Main: Suhrkamp.

---

2 Siehe dazu auch meine Besprechung in der Soziologischen Revue (Schulze 2022).

Schelsky, Helmut 1957: Die skeptische Generation. Eine Soziologie der deutschen Jugend. Düsseldorf, Köln: Eugen Diederichs Verlag.

Schulze, Gerhard 2019: Soziologie als Handwerk. Eine Gebrauchsanleitung. Frankfurt am Main: Campus.

Schulze, Gerhard 2022: Einzelbesprechung des Buchs »Sozioprudenz« von Clemens Albrecht. Soziologische Revue, 45. Jg., Heft 1, 110–114.

Protokoll der Auszählung der Wahlen 2023 zu Vorsitz, Vorstand und Hälfte des Konzils der DGS

Die elektronische Abstimmung wurde vom 24. Januar 2023 bis 21. Februar 2023 von Marcel Jablonka, Kompetenzzentrum für Bildungs- und Hochschulforschung (KfBH), unter der Wahlleitung von Dr. Maria Keil (Eberhard Karls Universität Tübingen) und mit Unterstützung von Marcel Siepmann (DGS-Geschäftsstelle) durchgeführt.

Entsprechend der Anzahl der wahlberechtigten Mitglieder (Stand 20. Januar 2023) wurden 3.579 Wahlberechtigungen verschickt. 3.529 Mitglieder wurden per E-Mail angeschrieben, 50 postalisch. Rückläufe wurden nach Adressermittlung erneut versendet.

Die folgenden Abstimmungsergebnisse wurden festgestellt:

1. Allgemein

Fristgerecht eingegangene Stimmabgaben:

Wahlbeteiligung insgesamt:	1.701
	47,53 %
Wahl der/des Vorsitzenden	1.625
ungültige Nennungen und Stimmabgaben	5
Wahlbeteiligung	45,40 %
Wahl des Vorstands	1.601
ungültige Nennungen und Stimmabgaben	21
Wahlbeteiligung	44,73 %
Wahl der Hälfte des Konzils	1.576
ungültige Nennungen und Stimmabgaben	24
Wahlbeteiligung	44,03 %

2. Wahl der/des Vorsitzenden

Von den 1.625 Stimmabgaben entfielen folgende gültige Stimmen auf

Paula-Irene Villa Braslavsky	910 (56,00 %)
Jörg Strübing	681 (41,91 %)

  1 Person mit 4 Stimmen
  1 Person mit 3 Stimmen
  2 Personen mit je 2 Stimmen
21 Personen mit je einer Stimme

Gewählt ist Paula-Irene Villa Braslavsky. Sie nimmt die Wahl an.

3. Wahl des Vorstandes

Von den 1.601 Stimmabgaben entfielen folgende gültige Stimmen auf

Heike Delitz	878
Jörg Strübing	851
Uta Karstein	797
Julia Hahmann	730
Diana Lengersdorf	671
Tobias Boll	605
Dirk Baecker	603
Daniel Witte	579
Fabian Anicker	503
Stefanie Eifler	495
Cornelius Schubert	477
Robert Seyfert	475
Fatima Kastner	464
Natalja Menold	657
Boris Holzer	388
Marc Mölders	277

  2 Personen mit je 3 Stimmen
  4 Personen mit je 2 Stimmen
23 Personen mit je 1 Stimme
10 Personen ohne DGS-Mitgliedschaft (ungültig)

Gewählt sind Heike Delitz, Jörg Strübing, Uta Karstein, Julia Hahmann, Diana Lengersdorf, Tobias Boll, Dirk Baecker und Daniel Witte. Mit Uta Karstein, Julia Hahmann, Tobias Boll und Daniel Witte als Vertreter:innen der Statusgruppe Mittelbau gilt die nach §12 (2) der Satzung festgelegte Quotierung als erfüllt. Alle acht Personen nehmen die Wahl an.

4. Wahl der Hälfte des Konzils

Von den 1.576 Stimmabgaben entfielen folgende gültige Stimmen auf

Sonja Schnitzler	835	Herbert Kalthoff	440
Anja Weiß	743	Tina Spies	437
Reiner Keller	716	Monika Eigmüller	421
Gesa Lindemann	660	Simon Egbert	385
Michaela Pfadenhauer	625	Oliver Dimbath	371
Petra Böhnke	605	Katharina	367
Uta Karstein	582	Albert Scherr	356
Mona Motakef	556	Tobias Wolbring	339
Andreas Diekmann	548	Oliver Berli	338
Jenni Brichzin	526	Anne-Kristin	315
Sybille Frank	521	Heinz Leitgöb	293
Lars Gertenbach	516	Marian Burchardt	276
Kathrin Leuze	499	Raimund Hasse	217
Elisabeth Tuider	487		
Natascha Nisic	476	3 Personen mit je 2 Stimmen	
Thomas Scheffer	465	18 Personen mit je 1 Stimme	
René Tuma	433	2 Personen ohne DGS-Mitgliedschaft (ungültig)	

Gewählt sind Sonja Schnitzler, Anja Weiß, Reiner Keller, Gesa Lindemann, Michaela Pfadenhauer, Petra Böhnke, Uta Karstein, Mona Motakef, Andreas Diekmann, Jenni Brichzin, Sybille Frank, Lars Gertenbach, Kathrin Leuze, Elisabeth Tuider und Natascha Nisic. Da Uta Karstein in den Vorstand gewählt wurde und die Wahl annimmt, rückt Thomas Scheffer auf diesen Platz nach. Da Elisabeth Tuider bereits 2021 für vier Jahre in das Konzil gewählt wurde, ist hier eine Wiederwahl nicht erforderlich. Herbert

Kalthoff rückt auf diesen Platz nach. Da mit den 15 Personen, auf die die höchsten Stimmanteile fallen, jedoch nicht die nach §11 (1) der Satzung festgelegte Quotierung für das Konzil erfüllt wird, wird die gewählte Person der Statusgruppe Hochschullehrende mit dem geringsten Stimmanteil (Herbert Kalthoff) durch die Person der Statusgruppe Mittelbau mit dem höchsten Stimmanteil aus der Gruppe der nicht-gewählten Personen (René Tuma) ersetzt. Alle 15 Personen nehmen die Wahl an.

Essen, den 26. Februar 2023

gez. Dr. Maria Keil   gez. Marcel Siepmann
(Wahlleiterin)   (DGS-Geschäftsstelle)

Evaluation der Teilnehmenden-Umfrage zum 41. DGS-Kongress »Polarisierte Welten« 2022 in Bielefeld

Trotz großer Unsicherheiten bezüglich eines in Präsenz durchgeführten Kongresses, konnte die Tagung nach aktuellen Covid-19 Regelungen analog stattfinden. Die Veranstaltungen erreichte mit 2.050 Teilnehmenden die Zahlen der letzten Kongresse. Alle erhielten eine E-Mail-Einladung mit der Bitte, an der Evaluation teilzunehmen. Mit 479 Rückmeldungen beziehungsweise 23,4 % verzeichnete dieser DGS-Kongress eine niedrigere Quote als 2018 (40 %) und 2020 (35 %).

Die Entscheidung, den Kongress in Präsenz auszurichten, ist sehr positiv aufgenommen worden; dies ließ sich auch anhand der Umfrageergebnisse mit einer Zustimmung von 69 % bestätigen.

Abbildung 1: Wie zufrieden sind Sie insgesamt mit der Entscheidung, den Kongress 2022 in Präsenz stattfinden zu lassen?

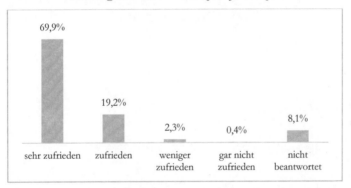

61,4 % der Antwortenden waren aktiv an der Gestaltung des Kongresses beteiligt. 59 % sind DGS-Mitglieder und 50 % sind Mitglied in einer Arbeitsgemeinschaft oder Sektion. Damit ist die Zahl der DGS-Mitglieder, die an der Umfrage teilgenommen habe, im Vergleich zu den vorherigen Jahren um etwa fünf Prozentpunkte gesunken.

Knapp ein Drittel der Antwortenden war nicht promoviert mit akademischem Abschluss, mehr als ein Viertel waren Promovierende, ein Fünftel der Antworten stammte von Hochschullehrenden. Der Anteil der studentischen Antworten wuchs auf ca. 9 %, was mit Blick auf die vorherigen Jahre eine steigende Tendenz bestätigt.

Abbildung 2: Welcher Statusgruppe gehören Sie an?

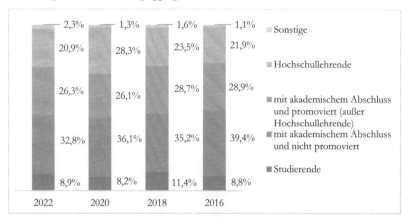

Die durchschnittliche Anwesenheit auf dem Kongress lag ähnlich wie 2016 und 2018 bei drei bis vier Tagen, war allerdings kürzer als bei dem auf 14 Tage gestreckten digitalen Kongress 2020.

Im Durchschnitt wurden die besuchten Veranstaltungen qualitativ *hoch* eingestuft. Dabei schneiden die Ad-hoc Veranstaltungen, Sektionsveranstaltungen und Plenarveranstaltungen am besten ab. Die Author-Meets-Critics Veranstaltungen, Sonderveranstaltungen und Plenarveranstaltungen wurden im Vergleich zu den Ad-hoc- und Sektionsveranstaltungen wenig besucht, was auf die große Menge der zeitgleich laufenden Veranstaltungen zurückzuführen sein kann. Insgesamt wurde bemängelt, dass (zu) viele Veranstaltungen parallel liefen, was die Teilnehmenden daran hinderte, alle gewünschten Formate zu besuchen. Die Verteilung der Plenarveranstaltungen auf zwei Vormittage kam laut Umfrageergebnissen gut an, wobei jedoch auch hier die Gleichzeitigkeit kritisiert wurde.

Die frei formulierbaren Rückmeldungen waren überwiegend positiv. Wenn Kritik geäußert wurde, bezog sie sich allgemein auf die *Dichte* des Programms und die *Dauer* der einzelnen Sessions. Des Weiteren wurden die *Organisation* und die *Ticketpreise* des Kongresses kritisiert sowie das Fehlen eines *digitalen Konferenztools* (App) zur Navigation der individuellen Veranstaltungsplanung. Besonders die langen Warteschlangen bei der Auftaktveranstaltung und der Anmeldung zu den jeweiligen Kongresstagen waren für Antwortende Ausdruck unzureichender Organisation. Die *Covid-19 Maßnah-*

men wurden teils positiv aufgenommen, aber vereinzelt auch als nicht ausreichend eingestuft. Zudem wurde ein Mangel an Veranstaltungen zu quantitativen Methoden sowie Gender- und Familienforschung kritisch erwähnt.

Abbildung 3: Wahrscheinlichkeit einer Teilnahme am nächsten DGS-Kongress

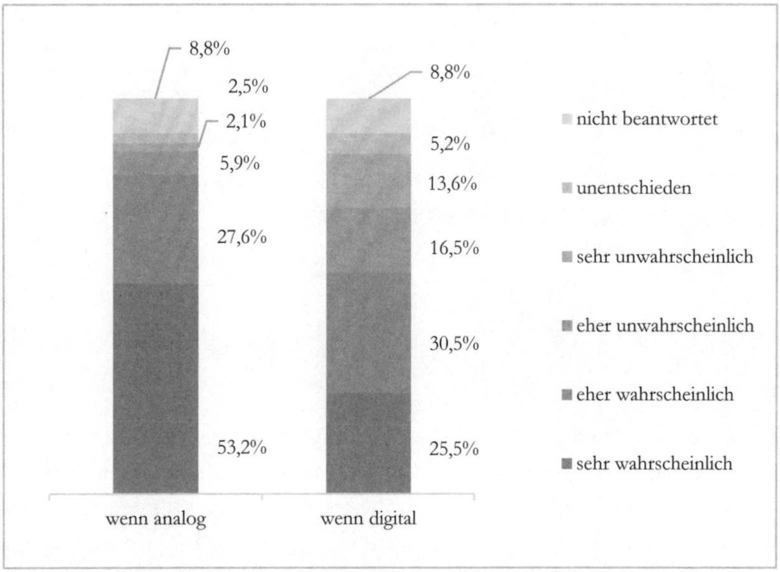

Mehr als 80% der Antwortenden würde in Zukunft wieder an einem analogen Kongress teilnehmen. Während in der Umfrage zum DGS-Kongress 2020 noch große Zustimmung zu einer erneuten digitalen Durchführung geäußert worden war, zeigt sich bei der Evaluation zum DGS-Kongress 2022 ein Meinungsumschwung. Sollte der nächste DGS-Kongress digital durchgeführt werden müssen, geht nur etwas mehr als die Hälfte (56 %) davon aus, wieder dabei zu sein. Die Pandemie hat deutliche Spuren hinterlassen, sie beschäftigt auch die Soziologie-Bubble weiter. Bei aller Vorsicht und Präventionsverantwortung überwiegt die Freude am gemeinsamen Da-Sein bei einem Präsenzkongress. Die analogen Diskussionen und der Austausch zwischen Kongressteilnehmenden sind offenbar unersetzlich.

Rebekka Marie Bürkert

Aus dem DGS-Vorstand

Liebe Mitglieder der Deutschen Gesellschaft für Soziologie,

sind Sie eigentlich bei Mastodon? Unter derselben Adresse wie bei Twitter [@DGSoziologie] und auch auf den Accounts der DGS bei Instagram und Facebook finden Sie unter anderem Stellenangebote, Infos über Neuerscheinungen und Tagungen oder mediale Äußerungen von Soziolog:innen. Wir nehmen dafür gern Ihre Hinweise entgegen. Die Social Media Präsenz der DGS wird wie unsere Homepage www.soziologie.de von Rebekka Bürkert in der Geschäftsstelle stets auf dem neuesten Stand gehalten. Dort erfahren Sie dann auch umgehend, wann die Folgen des Hackerangriffs auf die Universität Duisburg-Essen bewältigt sein werden. Noch müssen wir mit den Einschränkungen in der Erreichbarkeit leben, gehen aber davon aus, so zumindest die hoffnungsvolle Botschaft der KWI-IT, dass wir bald wieder auf unsere Server zugreifen können und auch die Internetverbindungen einwandfrei funktionieren wird.

Apropos Universität Duisburg-Essen: Der nächste Soziologiekongress wird 2025 (!) an der Uni Duisburg-Essen stattfinden! Wir danken den Kolleg:innen in Duisburg sehr, sehr (sehr!) für ihr Engagement und den professionellen Elan, mit dem schon jetzt die Planungen angedacht werden.

Da wir für 2024 keinen Tagungsort gefunden haben und auf 2025 ausweichen, findet die Mitgliederversammlung 2024 digital statt. Denn die Satzung schreibt vor, dass die Mitgliederversammlung alle zwei Jahre stattfinden muss. Auf dem Kongress 2025 in Duisburg-Essen wird dementsprechend keine Mitgliederversammlung abgehalten werden. Und der nächste Kongress wird dann wieder 2026 veranstaltet werden, höchstwahrscheinlich analog, der Ort ist schon so gut wie gefunden. Puh.

Zwei Jahre hintereinander einen großen DGS-Kongress durchzuführen, ist natürlich ein ambitioniertes Vorhaben. Aber es gibt gute Gründe dafür, zum bekannten Rhythmus in den geraden Jahren zurückzukehren.

Wie Sie in diesem Heft auf Seite 194 bereits gesehen haben, hat Rebekka Bürkert die Evaluation des Bielefelder Kongresses inzwischen abgeschlossen. Der Vorstand hat die Ergebnisse auf der letzten Sitzung am 20. Januar 2023 (mal wieder in Präsenz!) besprochen und freut sich über die insgesamt sehr positive Bewertung der Bielefelder Veranstaltungen. Dies entspricht auch der Einschätzung der Vorstandsmitglieder, die in der Sitzung noch einmal die Eindrücke vom schönen und erfolgreichen Kongress in Bielefeld ausgetauscht hat. Die Evaluation machte kleinere Kritikpunkte an einigen organisatorischen Aspekten deutlich, die bei der Planung des nächsten Kongresses in Duisburg-Essen produktiv einfließen werden.

An den Wahlen zum DGS-Vorstand, zum Vorsitz und der Hälfte des Konzils haben Sie sich hoffentlich/wahrscheinlich/vielleicht beteiligt. Die Ergebnisse sind auf der Webseite der DGS und in diesem Heft dokumentiert. Wir gratulieren allen neu- und wiedergewählten Konzilsmitgliedern und auch den alten und neuen Mitgliedern des Vorstands. Ich selbst bedanke mich für das Vertrauen in meine Arbeit und freue mich auf zwei weitere Jahre als Vorsitzende der DGS.

Für die 8. Berufungsperiode (2023–2026) des RatSWD hat die DGS Hubert Knoblauch und Corinna Kleinert nominiert, letztere als gemeinsame Kandidatin zusammen mit der Akademie für Soziologie. Die Stimmabgabe war bis zum 26. März möglich. Das Ergebnis der Wahl lag bei Drucklegung dieses Heftes noch nicht vor.

Ansonsten gilt wie immer: *We'll keep you informed!* Wenn Sie etwas wissen oder kommentieren möchten, melden Sie sich bei der Geschäftsstelle. Marcel Siepmann (zurzeit noch: marcel.siepmann@soziologie.de) ist Ihr / Euer Ansprechpartner, insbesondere hinsichtlich organisatorischer und verbandsinterner Abläufe. Alle Vorstandsmitglieder sind selbstverständlich auch ansprechbar, Sie finden uns über die Website.

Herzliche Grüße, auch im Namen der (noch-)Vorstandskolleg:innen,
Paula-Irene Villa Braslavsky

Auf ihrem 41. Kongress hat die DGS 2022 zwei Masterarbeiten und zwei Dissertationen im Fach Soziologie als herausragende Abschlussarbeiten ausgezeichnet. Wir möchten Ihnen diese Arbeiten in der SOZIOLOGIE näherbringen. In diesem Heft präsentieren Hannah Pool und Julia Böcker ihre Dissertationen. Julian Heide und Patricia Thomas haben in Heft 1 ihre Masterarbeiten vorgestellt.

Grenzen, Gefahr und Geld

Flucht aus wirtschaftssoziologischer Perspektive

Hannah Pool

Flucht aus Afghanistan nach Deutschland

Seit 2010 haben 2,6 Millionen Menschen einen Erstantrag auf Asyl in Deutschland gestellt (Statista 2023). Afghanistan ist nach Syrien das zweithäufigste Herkunftsland von Asylsuchenden in Deutschland. Doch wie schaffen es Menschen aus Afghanistan überhaupt nach Deutschland zu fliehen, um Asyl zu beantragen? Für diese Forschung habe ich zwischen 2018 und 2020 66 Interviews mit Afghan:innen in ihrer Muttersprache Farsi aufgenommen und über 350 Hintergrundgespräche geführt.

Nach der sowjetischen Invasion im Jahr 1979 mussten die Menschen in Afghanistan immer wieder innerhalb des Landes zwischen den Provinzen, aus ländlichen Gebieten in die Städte oder aus den Städten in die Nachbarländer Iran und Pakistan fliehen. Diese Fluchtrouten sind oft nicht nur länderübergreifend, sondern auch zirkulär, und haben sich in den verschiedenen Phasen der Kriege geändert.

Die meisten der interviewten Afghan:innen gehören der Gruppe der *Hazara* an, deren Mitglieder in Afghanistan seit Jahrhunderten marginalisiert, brutal verfolgt und getötet werden, insbesondere seit der Machtübernahme der Taliban im Jahr 1990. Viele Hazara flohen in den benachbarten Iran, wo die gemeinsame Sprache Farsi die anfängliche Integration erleichterte, jedoch für sie keine Rechtssicherheit in Bezug auf Aufenthaltsstatus, Schulbildung, Eigentumsrechte oder Krankenversicherung bestand. Es wird angenommen, dass mehr als 2,5 Millionen Afghan:innen im Iran leben. Die Angst vor ethnischer Verfolgung, die Erfahrung des Krieges in Afghanistan und das Bedürfnis nach einer Zukunftsperspektive für die Kinder haben viele Afghan:innen dazu veranlasst, die gefährliche Fluchtroute in die Europäische Union zu wagen, um Asyl zu beantragen.

Die legalen Routen sind jedoch begrenzt. Zum einen hat das Resettlement Programm der Vereinten Nationen zur humanitären Aufnahme zwischen 2014 und 2022 lediglich 22.390 afghanische Flüchtlinge in sichere Länder gebracht (UNHCR 2023). Zum anderen verfügen im Iran geborene Afghan:innen oft nicht über die notwendigen Urkunden und Dokumente, um Pässe zu beantragen und ein Visum für die EU zu erhalten. Daher besteht für die meisten Afghan:innen die einzige Möglichkeit, um in der EU Asyl zu beantragen, darin, die gefährliche Fluchtroute von Afghanistan aus zu wählen.

Eine Multi-sited-Ethnografie der Fluchtroute

Lange Zeit hat sich die Migrationsforschung auf die Perspektive des Herkunfts- oder Ziellandes konzentriert und die eigentliche Fluchtroute außer Acht gelassen. In den letzten Jahren hat sich jedoch ein neuer Forschungszweig verstärkt diesen Fluchtrouten zugewendet (Belloni, 2019; Schapendonk, Liempt, Schwarz, Steel 2020). Die konsequente Untersuchung der gesamten Fluchtroute wie in ersten Forschungsprojekten an der Grenze zwischen Mexiko und den USA bildet eine Ausnahme. Besonders hervorzuheben ist die aufschlussreiche Auto-Ethnografie des iranischen Anthropologen Shahram Khosravi, der in »›Illegal Traveller‹: An Auto-Ethnography of Borders« (2010) seinen eigenen Fluchtweg von Iran nach Schweden darlegt und analysiert. Um die Fluchtroute in ihrer Ganzheit verstehen zu können, habe ich in meiner Arbeit eine Multi-sited-Ethnografie nach George Marcus (1995) durchgeführt. Diese ermöglicht es, Bewegungen und Veränderungen entlang der verschiedenen nationalen Kontexte zu verstehen sowie Unterbrechungen, Abbrüche und Rückkehr in die Analyse der Flucht einzubeziehen. Nur durch die Analyse der gesamten Route konnten die verschiedenen Akteur:innen in jedem Abschnitt verstanden und untersucht werden.

Geld im Mittelpunkt der Flucht

Der theoretische Schwerpunkt meiner Forschung liegt auf der Untersuchung von Geld und sozialen Interaktionen, einem Bereich der Wirtschaftssoziologie, der durch die 1925 erstveröffentlichte Arbeit von Marcel Mauss (2002) über die Gabe geprägt und durch die Forschung von Viviana Zelizer (1994) weiterentwickelt wurde. Geld und wirtschaftlicher Austausch entlang der Fluchtrouten rücken somit in den Mittelpunkt der Betrachtung der sozialen Beziehungen, die das Überqueren von Grenzen ermöglichen. Diese verschiedenen Interaktionen werden durch die Anwendung des Konzepts der moralischen Ökonomien aufgegriffen, das ursprünglich von dem Historiker E.P. Thompson (1971) und dem Politikwissenschaftler James Scott (1976) entwickelt wurde. Deren theoretische Arbeit wurde in den letzten Jahren, insbesondere in der Migrationsforschung, auf zwei verschiedenen Ebenen weiterentwickelt. So wird einerseits die vertikale Beziehung zwischen Flüchtlingen und dem Staat mit Hilfe einer Moralökonomie der Flucht (Fassin 2005) untersucht, die auf moralischen Forderungen beruht. Andererseits werden die horizontalen finanziellen Beziehungen zwischen Migrant:innen als Moralökonomie der Solidarität analysiert. Das Zusammennehmen dieser vertikalen und der horizontalen Beziehungsebenen ermöglicht es, die vielfältigen Beziehungsgeflechte zu verstehen, die der Flucht zugrunde liegen.

Geld für das Game

Die hier untersuchten Grenzüberquerungen von Afghanistan nach Europa werden mit dem Farsi-Neologismus *Game zadan* beschrieben. Übersetzt ins Deutsche könnte dies als Slang für »das Spiel machen« bezeichnet werden. Dieses Game ist in keiner Weise eine Verharmlosung der Route. Die Gefahren der Route waren allen Personen, die ich interviewt habe, vollends bewusst. Das Game steht für die fehlende Kontrolle, die vielen Versuche und die Portion Glück, die nach sorgfältiger Vorbereitung auf der Flucht notwendig sind. Es besteht aus einer Vielzahl von Akteur:innen: aus Schleusern, die gegen Geld die Route organisieren, Familien, die informelle Kredite vergeben, anderen Flüchtenden, genannt *Ham-Game* (»diejenigen, die das Game zusammen machen«), und humanitären Akteur:innen, die Sachspenden verteilen. Geld bestimmt über die Geschwindigkeit, die Sicherheit und die Erfolgsaussichten dieses Games. Es sind die Beziehungen, die die Flüchtenden zu den verschiedenen Akteur:innen aufbauen, die es ihnen ermöglichen, Geld für das Game zu bekommen.

Die Route in die EU kostet zwischen 4.000 und 20.000 Euro. In diesen Beträgen sind die Kosten für die Schleuser, das Schmieren von Grenzbeamt:innen, den Transport und die Unterbringungen entlang der Route enthalten. Die Kosten übersteigen bei Weitem das Einkommen der meisten Afghan:innen. Aus diesem Grund wird die Finanzierung der Fluchtwege zu einer Gemeinschaftsaufgabe, bei der oftmals viele Familienmitglieder und Freund:innen Geld zur Flucht in Form von informellen Krediten beitragen. In meiner Forschung habe ich dieses System der Gemeinschaftsfinanzierung untersucht. Wie schaffen es Menschen die teure Flucht zu bezahlen? Wie ermöglichen soziale Beziehungen diese finanziellen Interaktionen durch informelle Geldvergabe und – umgekehrt – wie verändern diese finanziellen Interaktionen wiederum die Beziehungen entlang der Fluchtrouten?

Im Mittelpunkt der Analyse stehen die afghanischen Flüchtenden, die mir erlaubt haben, sie auf ihrer Fluchtroute zu begleiten. Ich untersuche, wie sie ihre sozialen Beziehungen für verschiedene finanzielle Interaktionen mit verschiedenen Akteursgruppen aufbauen, aufrechterhalten und abbrechen – mit dem Ziel, auf der Fluchtroute voranzukommen und in Deutschland Asyl zu beantragen.

Die Rolle der Schleuser

Auf Farsi werden Schleuser *Qajaqbar* genannt. Mit Beginn der Kriege in Afghanistan in den 1980er Jahren übernahmen die Qajaqbar die Rolle der ehemaligen *Rahbalad* (»diejenigen, die den Weg kennen«), die in der Vergangenheit Karawanen durch Zentralasien geführt hatten. Die Bezeichnung Qajaqbar hat nicht die gleiche negative Assoziation, die die Begriffe Schmuggler oder Schleuser im Deutschen haben. Die Qajaqbar organisieren die Logistik, den Transport und die Grenzüberschreitungen der Fluchtroute, stellen Verstecke bereit und beherbergen ihre Klient:innen manchmal monatelang während des Wartens in Iran oder der Türkei in sogenannten *Khobgah*, »Wohnheimen«.

In einem illegalen Marktsystem ist Vertrauen von zentraler Bedeutung. So werden in einer unsicheren Ausgangssituation mit enorm hohen Kosten durch den Aufbau sozialer Kontakte Empfehlungen und Aussagen eingeholt, die es überhaupt erst ermöglichen, einen Qajaqbar zu finden und auszuwählen. Oft stammen Qajaqbar aus der gleichen sozialen, ethnischen oder sprachlichen Gemeinschaft wie ihre Klient:innen und haben in der Vergangenheit selbst versucht, nach Europa geschleust zu werden. Nassim Majidi (2018) verwendet daher im Kontext der Flucht von Afghan:innen den Begriff des »community-based human smuggling«. Der 19-jährige Mehdi[1] beschreibt im Interview, wie er seinen Qajaqbar gefunden hat: »Viele Menschen, viele meiner Verwandten haben auch diese Erfahrung mit dieser Person [seinem Qajaqbar Hussein; HP] gemacht. Sie hatten Vertrauen zu diesem Schleuser, deshalb habe ich ihm auch vertraut.« Mehdi übertrug das Vertrauen, das er in seine Verwandten hatte, auf seinen Qajaqbar. Dieser war wie er als Afghane ohne Papiere im Iran aufgewachsen und gehört der in Afghanistan verfolgten Gruppe der Hazara an. Gleichzeitig war sich Mehdi der Gefahr der Route bewusst, weshalb der Ruf seines Schleusers und die positiven Berichte über vergangene Routen ausschlaggebend für seine Entscheidung waren, mit ihm das Game zu wagen.

Die Qajaqbar dienen als Mittelsmänner. Simmel (1908) erklärt die Rolle des Brokers, des »Tertius gaudens«, mit der Notwendigkeit, zwischen zwei Parteien zu vermitteln. Die Qajaqbar fungieren als Kontaktstellen auf der Flucht und verfügen über ein übergreifendes Netzwerk, das die Grenzüberquerungen zum Teil durch Bestechungsgelder auf administrativer Ebene ermöglicht. Dies wurde von Mehdi und den anderen Interviewten zwar erahnt, blieb aber vor ihnen verborgen.

Die Bezahlung der Qajaqbar für die Grenzüberquerung erfolgt nicht direkt. Stattdessen wird das Geld an Dritte zur sicheren Verwahrung übergeben, die die Auszahlung erst nach erfolgreicher Ankunft freigeben. Die Klient:innen haben die Wahl zwischen verschiedenen Zahlungssystemen: Entweder sie entscheiden sich für den kostengünstigen, aber risikoreicheren einmaligen Versuch, oder sie wählen die teurere Option für wiederholte Versuche der Grenzüberquerung.

Das gegenseitige Verleihen von Geld während der Flucht

In den meisten Fällen schleusen die Qajaqbar größere Gruppen von zehn bis dreißig Afghan:innen gemeinsam über die Grenze. Diese Gruppen bezeichnen sich selbst als Ham-Game, »jene, die das Game zusammen machen«. Eine dieser Gruppen konnte ich sowohl im Wohnheim ihres Qajaqbars in der Türkei als auch während ihres Zwangsaufenthalts im griechischen

---

1 Alle Namen sind Pseudonyme.

Lager Moria und nach ihrer Ankunft in verschiedenen deutschen Städten intensiv begleiten und mehrfach interviewen.

Innerhalb der Gruppen, in denen Qajaqbar ihre Klient:innen aus dem Iran oder Afghanistan nach Europa schleusen, entstehen oftmals enge Beziehungsgeflechte, die durch emotionale, physische und auch finanzielle Unterstützung gekennzeichnet sind. Bei den Grenzüberquerungen ist die Gruppe nicht nur in physischer Hinsicht notwendig – zum gegenseitigen Schutz und zur Bewachung –, sondern auch, um einander Geld zu leihen. Auf der Grundlage sozialer Bindungen und geteilter Normen werden Haushaltsführung, Dienstleistungen und Geldverleih zum Teil gemeinschaftlich geregelt. Die wichtigste dieser Geldtransaktionen ist das Verleihen von Geld für weitere Grenzübertritte. Vor allem wenn die Darlehen der Familie aufgebraucht sind und keine weiteren finanziellen Mittel für Überweisungen vorhanden sind, werden die informellen Kredite von anderen Gruppenmitgliedern wichtig.

Der sechsundzwanzigjährige Dost beschreibt, wie er seinem mit ihm geflohenen Freund Geld geliehen hat: »Zwei unserer Freunde hatten nicht genug Geld und waren auch im Lager. Ich und ein anderer enger Freund sagten: ›Wir werden dir das Geld geben, wir werden dich mitnehmen.‹ Das Geld war meine absolute Hilfe für ihn.« Für Dost bedeutete das Verleihen von Geld nicht nur, dass seine Gruppe zusammenbleiben konnte, sondern auch, dass sein persönlicher sozialer Status innerhalb der Ham-Game-Gemeinschaft erhöht wurde.

In der Migrationsforschung werden solche Interaktionen auch als Akte des Widerstands und der Solidarität betrachtet, die den Status innerhalb von Gemeinschaften unterstreichen und erhöhen. Dost wurde durch den Verleih als Vertrauensperson und als jemand wahrgenommen, der sich kümmert und finanzkräftig ist. Dies trug dazu bei, dass er sich wiederum immer wieder Geld von Freunden leihen konnte. Durch ein »Jonglieren mit Schulden« (Guérin, Morvant-Roux, Villarreal 2014) konnte er so schließlich die notwendigen 12.000 Euro aufbringen, um den ganzen Weg bis nach Deutschland zu schaffen. Das Verleihen von Geld innerhalb von Gruppen ist Teil eines Systems von Geschenken, Aufwertungen und Anerkennungen. Dies bestimmt und verbessert den Status von Personen, die gemeinsam fliehen, und ermöglicht den Zugang zu weiteren finanziellen Interaktionen.

Schluss

Geld schafft die Bedingungen, die Grenzüberquerungen mit dem Ziel der Asylbeantragung ermöglichen oder verhindern. Die Rolle des Geldes in den Mittelpunkt der Untersuchung von Fluchtprozessen zu stellen, macht die sozialen Beziehungen sichtbar, durch die die Flucht erst realisierbar wird. Diese erlauben ein besseres Verständnis der sozialen Dynamiken, sowohl entlang der Fluchtrouten, als auch nach der Ankunft im Zielland während des Asylverfahrens.

Für die Menschen, die ich seit 2017 in meiner wissenschaftlichen Arbeit begleite und wiederholt interviewen darf, bedeutet die Ankunft in Deutschland oftmals eine Fortsetzung ihrer finanziellen Beziehungen zu Familienangehörigen und Freund:innen. Von ihnen werden nun die Kreditrückzahlungen, Geschenke oder auch finanzielle Unterstützungen für andere flüchtende Familienmitglieder erwartet. Gleichzeitig hatten die meisten von ihnen lediglich eine Duldung erhalten und fürchteten mögliche Abschiebungen nach Afghanistan, bis diese im Januar 2022 ausgesetzt wurden. Für alle Interviewten war klar, dass sie nach der Machtübergabe an die Taliban im August 2021, der Entrechtung und den gezielten Anschlägen auf Mitglieder der Hazara, auf Kulturinstitute und Mädchenschulen nicht nach Afghanistan oder in den Iran zurückkehren können, wo Afghan:innen brutal unterdrückt werden.

Literatur

Belloni, Milena 2019: The Big Gamble. The Migration of Eritreans to Europe. Oakland: University of California Press.

Fassin, Didier 2005: Compassion and Repression: The Moral Economy of Immigration Policies in France. Cultural Anthropology, vol. 20, no. 3, 362–387.

Guérin, Isabelle/ Morvant-Roux, Solène/ Villarreal, Magdalena 2014: Microfinance, Debt and Over-Indebtedness. Juggling with Money. New York: Routledge.

Khosravi, Shahram 2010: ›Illegal Traveller‹. An Autho-Ethnography of Borders. New York: Palgrave Macmillan.

Majidi, Nassim 2018: Community Dimensions of Smuggling: The Case of Afghanistan and Somalia. Annals of the American Academy of Political and Social Science, vol. 676, no. 1, 97–113.

Marcus, George 1995: Ethnography in/of the World System: The Emergence of Multi-Sited Ethnography. Annual Review of Anthropology, vol. 24, 95–117.

Mauss, Marcel 2002 [1925]: The Gift. The Form and Reason for Exchange in Archaic Societies. London: Francis & Taylor.

Schapendonk, Joris/ Liempt, Ilse/ Schwarz, Inga/ Steel, Griet 2020: Re-routing migration geographies: Migrants, trajectories and mobility regimes. Geoforum, vol. 116, 211–216.

Scott, James 1976: The Moral Economy of the Peasant: Rebellion and Subsistence in Southeast Asia. New Haven & London: Yale University Press.

Simmel, Georg 1908: Soziologie: Untersuchungen über die Formen der Vergesellschaftung. Leipzig: Duncker & Humblot.

Statista 2023: Asylanträge (Erstanträge) 2010–2022. https://de.statista.com/statistik/daten/studie/154286/umfrage/asylantraege-erstantraege-in-deutschland-seit-1995, letzter Aufruf am 20. Januar 2023.

Thompson, E.P. 1971: The Moral Economy of the English Crowd in the Eighteenth Century. Past & Present, vol. 50, no. 1, 76–136.

UNHCR 2023: Resettlement Data Finder: 2015–2023. https://rsq.unhcr.org/en/#Wx25, letzter Aufruf am 10. Januar 2023.

Zelizer, Viviana 1994: The Social Meaning of Money: Pin Money, Paychecks, Poor Relief and Other Currencies. New York: Basic Books.

Soziologie des Schwangerschaftsverlusts

Empirische und theoretische Erträge

Julia Böcker

Einführung

Nach einer Fehlgeburt oder Stillgeburt hören Betroffene häufig Kommentare wie ›es war ja noch kein *richtiges* Kind‹ oder ›probiert es einfach nochmal‹. Solche Aussagen relativieren und rationalisieren den Verlust und sprechen trauernden Eltern ihre Gefühle ab. Unter welchen Voraussetzungen – so die Frage meiner Studie – gilt es gesellschaftlich als legitim, eine Fehl- oder Stillgeburt als Tod und Verlust eines Kindes zu deuten und zu behandeln, also etwa es zu bestatten? Die Antwort steht am Ende einer Forschung im Stil der *Grounded Theory*, die zunächst vom soziologischen Interesse an Erfahrungen von Fehl- und Totgeburt geleitet war.

Als eine Miniatur der Monografie (Böcker 2022a) wird im Folgenden die empirische Komplexität des sozial randständigen und ambivalenten Phänomens Schwangerschaftsverlust gezeigt und systematisiert. Bevor ich die theoretische Perspektive der Untersuchung erläutere, nähere ich mich dem Gegenstand begrifflich. Dann skizziere ich das methodische Vorgehen, empirische Ergebnisse sowie deren theoretische Erträge und schließe mit einem Fazit.[1]

Fehlgeburt, Stille Geburt, »Sternenkind« – Begriffliche Annäherung

Die vielen, teils verwirrenden Begriffe rund um das Phänomen Schwangerschaftsverlust (aus dem Englischen *pregnancy loss*) unterliegen verschiedenen Systemlogiken. *Juristisch* interessiert, ob es bei der verlorenen »Leibesfrucht« um eine Person, der Rechte und Würde zukommen, oder eine Sache geht. Totgeburt und Fehlgeburt werden im Personenstandsgesetz unterschieden. Zeigt die »Leibesfrucht« nach der Geburt kein Lebensmerkmal und wiegt

---

1 Lars Alberth danke ich für Hinweise zum Manuskript. Lena Dreier, Franz Erhard und Alexander Leistner danke ich für die kollegiale Begleitung der gesamten Arbeit.

mindestens 500 Gramm oder wurde die 24. Schwangerschaftswoche erreicht, gilt sie als »ein tot geborenes Kind«, im Übrigen als »Fehlgeburt«. Die Unterscheidung zwischen Totgeburt und Fehlgeburt ist dabei grob an der Grenze zur fötalen Lebensfähigkeit außerhalb der Gebärmutter orientiert, die derzeit um die 24. Schwangerschaftswoche erreicht wird.

Bis zu einer Änderung des Personenstandsgesetzes im Jahr 2013 wurden Fehlgeborene in der Regel mit dem Klinikabfall entsorgt. Seit der Novelle besteht erstens, unabhängig von der Schwangerschaftsdauer, ein Recht auf Bestattung. Zweitens können sich betroffene Eltern die Fehlgeburt standesamtlich bescheinigen lassen und damit dem fehlgeborenen Kind einen Namen und symbolisch den Status eines Familienmitgliedes verleihen. Außerdem wurde in den meisten Bundesländern eine Pflicht für behandelnde Einrichtungen eingeführt, Betroffene auf diese Möglichkeiten hinzuweisen. Letztere können und müssen also nun selbst darüber entscheiden, was mit dem fötalen Körper passieren soll.

Mediziner*innen agieren im Rahmen dieses Rechts und nehmen nach der Entbindung eine Einordnung vor, die rechtliche Konsequenzen nach sich zieht (Kindergeld und Mutterschutz zum Beispiel). *Medizinisch* gibt es darüber hinaus Differenzierungen hinsichtlich Schwangerschaftsdauer, Ursache, Verlauf und Formen der Therapie. Eine wichtige Unterscheidung markiert auch hier die Grenze zur Lebensfähigkeit. An ihr ist die Frage orientiert, ob bei der Behandlung außer der schwangeren noch ein*e kindliche*r Patient*in berücksichtigt werden muss. Fehlgeburten passieren sehr häufig, allein in Deutschland sind es jährlich über 30.000, und um die 3.000 Babys werden tot geboren (Deutscher Bundestag 2020).

Seit den 1980er Jahren tragen zivilgesellschaftliche Initiativen zur Durchsetzung alternativer Begriffe bei. Diese *lebensweltlichen* Bezeichnungen sind inklusiver und positiv konnotiert. Sie setzen zum einen dem Stigma des Scheiterns etwas entgegen. So betonen etwa die seit den 2010er Jahren zunehmend gebräuchlichen Bezeichnungen »Kleine Geburt« (für frühe Fehlgeburten) und »Stille Geburt« (für späte Fehlgeburten und Totgeburten), *dass* eine Geburt stattgefunden hat, statt das Ereignis negativ zu qualifizieren. Zum anderen entdifferenzieren die Begriffe klinische Kategorien, die nicht zu den Erlebensweisen passen: »Schwangerschaftsverlust« beispielsweise kann sich sowohl auf Fehlgeburt als auch auf Totgeburt im rechtlichen Sinne beziehen, und »Sternenkind« auf alle verstorbenen Kinder bis ins Kleinkindalter.

Sozialkonstruktivistische und praxistheoretische Perspektivierung

Theoretisch basiert die Arbeit auf sozialkonstruktivistischen Prämissen und sensibilisierenden Konzepten aus der Trauer- und Verlustforschung. Hier stelle ich die Forschungslücke und eine Verschiebung theoretischer Prämissen dar. In der »Soziologie der Schwangerschaft« (Hirschauer et al. 2014) beziehungsweise »Soziologie der Geburt« (Villa, Moebius, Thiessen 2011), in der Thanatosoziologie, in der Religionssoziologie und in der Sozialtheorie fanden Fehl- und Totgeburt lange kaum Erwähnung. Ausnahmen sind die körperhistorischen Arbeiten zur Entdeckung des »Ungeborenen« im Umfeld von Barbara Duden (2002), die den Blick für die Historizität der kulturellen Ordnung und Konflikte um den ›Tod am Lebensanfang‹ schärfen.

Schwangerschaft ist eine Übergangsphase ins soziale Leben und in die Elternschaft. Endet sie vorzeitig, sind der Status des Stillgeborenen und der nicht mehr werdenden Eltern unklar und ambivalent. Seit einiger Zeit gedeiht – vorwiegend aus Qualifikationsarbeiten – ein eigenes soziologisches Forschungsgebiet zu Schwangerschaften und Geburten, die vom Idealverlauf abweichen (exemplarisch Völkle 2021; Waschkewitsch 2021; Wettmann 2021).

Die eigene theoretische Perspektive, die auf die phänomenologische Wissenssoziologie nach Alfred Schütz (Schütz, Luckmann 2017) zurückgeht, hat sich im Laufe der Studie verändert: von der Untersuchung der Erfahrung eines bestimmten Ereignisses zur Untersuchung der *Herstellung* einer bestimmten Erfahrungstatsache – nämlich dem Verlust eines Kindes im Rahmen einer Schwangerschaft. Der Untersuchung lag anfangs die Annahme zu Grunde, dass ein bestimmtes Ereignis stattfindet, – eine Fehl- oder Totgeburt – die deutungsabhängig unterschiedlich erfahren wird. Als was erfahren Betroffene die Stillgeburt und um wen oder was trauern sie? Wie übersetzen sie ihr Erleben in einen kollektiven Wissensvorrat, wenn keine Deutungen zur Verfügung stehen?

Im Zuge der Datenerhebung zeigte sich – und damit komme ich zu einer Perspektivverschiebung in Richtung Praxistheorie –, dass mit der sozialkonstruktivistischen Perspektive das zu deutende Ereignis selbst als gegeben vorausgesetzt wird. Aber auch eine Fehl- oder Stillgeburt muss von Akteur*innen handelnd hervorgebracht werden, um in der sozialen Realität vorhanden zu sein. Es ließ sich ein körpermaterieller Grenzbereich identifizieren, in dem nicht feststellbar ist, ob es sich um eine verspätete Menstruationsblutung oder um eine sehr frühe Fehlgeburt handelt. Während die Interpretation als Fehlgeburt ermöglichen würde, legitim vom Verlust eines

(Sternen-)Kindes zu sprechen, bedeutet *jene* schlicht, dass ›nichts passiert‹ ist. Dass keine Schwangerschaft eingetreten ist, mag der Verlust einer Hoffnung oder Möglichkeit sein, aber er ist – aus intersubjektiver Perspektive – kein Verlust des ungeborenen Kindes.

Ein intersubjektiv gültiger Kindsverlust wird in einem mehrstufigen und multidimensionalen Prozess hervorgebracht. In der Studie zeige ich im Fallvergleich, wie – bei vergleichbarer medizinischer ›Faktenlage‹ – handelnd an die Deutung ›Tod‹ beziehungsweise ›Verlust eines Kindes‹ angeschlossen oder diese Deutungsmöglichkeit verworfen wird, in denen also »Selektionen« (Knorr Cetina 2002: 26) nach einem »Prinzip kontextueller Kontingenz« (Maasen 1999: 48) vorgenommen werden.

Methode und Forschungsfeld

Methodisch ist die Untersuchung verortet in der *Grounded Theory* (Strauss 1998; Strübing 2014) und der rekonstruktiven Sozialforschung (Przyborski, Wohlrab-Sahr 2008). Der Datenkorpus beinhaltet unter anderem Dokumente, Diskussionen in Online-Foren, Beobachtungsprotokolle, narrative (Expert*innen-)Interviews sowie Selbstzeugnisse in sozialen Medien.

Zum Forschungsfeld gehören verschiedene »institutionalisierte Interaktionsräume« (Zifonun 2016: 24). Einerseits untersuchte ich lokale Selbsthilfe-Initiativen sowie Foren im Internet, in denen sich Akteur*innen als Eltern (*Sterneneltern*) identifizieren, austauschen und vergemeinschaften. Demgegenüber fanden sich in narrativen Interviews *Gegendiskurse* ohne öffentlichen Ort, in denen die Verluste als Privatsache gehandhabt werden. Interviewte grenzten sich eher vom Milieu der »Sterneneltern« und deren Engagement für gesellschaftliche Sichtbarkeit und Anerkennung ab.

Konstitution eines Kindsverlusts

Im Rahmen von Schwangerschaft und Geburt entsteht ein zweifelsfrei gültiger Kindsverlust stufenförmig über drei Dimensionen, die in einem Modell der Verlustkonstitution zusammengefasst sind: Körpermaterialität, (Nicht-) Leben und Personalität. Körpermaterielle Grundlage sind leiblich und technisch vermittelte *Wahrnehmungen* des Ungeborenen als Kind. Zweitens muss gültiges *Wissen* über dessen Leben beziehungsweise die Abwesenheit von

Leben hergestellt werden. Schließlich symbolisieren *soziale Praktiken der Anerkennung* die Personalität des Stillgeborenen und damit zugleich Elternschaft.

Auf den ersten Blick bilden sie eine scheinbar natürliche Folge: Zunächst entwickelt sich eine organisch-materielle Basis, organischer Materie kann menschliches Leben zugeschrieben werden, und das wiederum personalisiert. Es kommen mit jeder Dimension mehr potentielle Akteur*innen – etwa Ärzte und Bestatterinnen – dazu, die die Deutung, dass es sich um einen Kindsverlust handelt, auch performativ absichern. Zugleich verkleinert sich mit jedem positiven Anschluss an die Kindsverlustdeutung der Verhandlungsspielraum darüber, ob hier ein Kind verloren wurde oder nicht.

Allerdings kann, wie ich gleich zeige, die *subjektive* Erfahrung, ein Kind zu verlieren, von dieser *intersubjektiven* Stufenfolge entkoppelt sein. Intersubjektiv anerkannt wird ein Kindsverlust in der empirischen Wirklichkeit aber nur, wenn dieser in jeder der drei Dimensionen plausibel gemacht werden kann. Im Folgenden gehe ich für jede Dimension auf exemplarische Ergebnisse ein.

Körperliche Materialität

Ein Kernergebnis ist, dass es keines anthropomorphen Kindskörpers bedarf, um eine Fehlgeburt als Kindsverlust *wahrzunehmen* und für Dritte darstellbar zu machen. Die darin konstatierte Kontingenz der konkreten Verknüpfung von körperlich-natürlichem Prozess, subjektiver Erfahrung und intersubjektiver Kindskonstruktion sei anhand eines Beispiels[2] plausibilisiert.

In einem YouTube-Video inszeniert Nina ihre Fehlgeburt in der 6. Schwangerschaftswoche, die ihr zu Beginn der Dokumentation noch bevorsteht. Sie berichtet zunächst, dass bei einer Ultraschall-Untersuchung kein Herzschlag dargestellt werden konnte. Da ihr dies das dritte Mal in Folge passiert, wisse sie, dass sie eine Fehlgeburt erleiden und ihr Kind verlieren wird. Sie zeigt positive Schwangerschaftstests und kommentiert zwei Ultraschallfotos: »Das war das Bild, was wir gesehen haben im Krankenhaus: ein sehr kleiner Punkt […] da war unser kleines Baby, viel zu klein, kein Herzschlag und sechs-Wochen-einen-Tag war es nur groß, 0,52 cm. Viel zu klein, nicht lebensfähig.« Anhand von medizintechnischen Medien wird hier eine Vorstellung von fötaler Personalität und Individualität erzeugt (Sänger 2020). Nina zeigt ihr »Baby«, dessen Geburt sie im weiteren Video festhalten möchte. Artefakte – wie die Ultraschallfotos und in einem Becher gesammeltes Blut – symbolisieren pränatales Leben, Geburt und schmerzhaften

---

2 Ausführlich bereits veröffentlicht in Böcker (2022b: 72 f.).

Verlust. Deutlich wird, etwa an Nahaufnahmen, in denen Nina geronnenes Blut und Schleimhäute zwischen den Fingern zerreibt, dass sie den Embryo beziehungsweise ihr Kind sucht. Allerdings gibt erst ein weiterer Arztbesuch Aufschluss, dass die Frucht bereits abgegangen ist. Nina berichtet: »Die Frucht ist schon raus, also mein Kind habe ich schon verloren.« Ein zweites Mal macht nicht der leibliche Abgang, sondern die Ultraschall-Untersuchung den Verlust zum Fakt.

Die Erfahrung, ein Baby zu verlieren, wird – vermittelt über Ultraschalldiagnostik – vor und nach dem eigentlichen Abgang erlebt und als Social-Media-Beitrag gegenüber Dritten dargestellt. Der elterliche Kindsverlust und das leiblich gebundene Fehlgeburtserleben sind nur lose koppelt. Zugleich fungieren körpermaterielle Artefakte als ›Evidenz‹ für die Existenz eines Kindes und damit als Grundlage für die Konstruktion leiblicher Elternschaft. Dieses *Doing Kleine Geburt* ist möglich, weil Nina als mehrfach Fehlgebärende über eine zweifelsfreie Deutung der Fehlgeburt als Geburt und Verlust eines Kindes verfügt.

(Nicht-)Leben

Die zweite Dimension, mit Hilfe derer an eine intersubjektive Deutung eines Kindsverlusts angeschlossen wird, ist gültiges *Wissen über die Abwesenheit von Leben*, genauer: von Lebensfähigkeit, Lebenschancen oder Lebensqualität. Es zeigte sich, dass es im Laufe der Konstitution eines Kindsverlusts einen dezidierten Moment der Gewissheit darüber gibt, dass das Ungeborene dieser Schwangerschaft nicht lebt – nicht *mehr* lebt oder nicht leben *wird*. Diese Klarheit des Nicht-Lebens, die den Verlust zur Tatsache macht, wird unter Zuhilfenahme medizinischer Expertise hergestellt. Im obigen Beispiel wird das Wissen um den Beginn und das Ende des menschlichen Lebens ausschließlich mithilfe medizintechnischer Medien und der taggenauen Normierung des fötalen Wachstums (»sechs-Wochen-einen-Tag … groß«) generiert.

Zugleich ist Expert*innenwissen gerade in medizinischen »Grenzsituationen« (Feith et al. 2020) limitiert. Während bei frühen Verlusten *eindeutig* keine Lebensfähigkeit besteht, herrschen an der Grenze zur Lebensfähigkeit diesbezüglich Ungewissheiten und Deutungslücken. Eine drohende extreme Frühgeburt oder eine pränatale Diagnose erlegen werdenden Eltern einen Zwang zur Deutung des Ungeborenen und dessen zukünftigem Leben auf. Sie werden vom medizinischen System als Eltern adressiert und sind gezwungen, sich eine Vorstellung vom zukünftigen Kind zu machen, etwa um zu entscheiden, ob sie die Schwangerschaft fortsetzen oder abbrechen. Betroffene ziehen medizinisches Wissen für Entscheidungen in *beide* Richtungen heran: die einen konstruieren menschliches Leben, die anderen dessen Abwesenheit.

Personalität

Über *symbolische Anerkennungspraktiken* erhält das Stillgeborene schließlich einen Status als soziale Person und als Familienmitglied. Im zitierten Beispiel personalisiert Nina, indem sie körperliche Prozesse als Kindesbiografie erzählt: Es (»unser kleines Baby«) wurde seit den positiven Tests erwartet, im Ultraschall gesehen, unter Schmerzen geboren und rituell verabschiedet.

Unterscheiden lassen sich Formen pränataler Personalisierung wie der Namensgabe (vgl. Hirschauer et al. 2014), Praktiken nach der Geburt wie Fotografieren und Einbetten (siehe auch Völkle 2021), Bestattung und standesamtliche Beurkundung. In dieser Reihenfolge verlieren die »Anerkennungsakte« (Graumann 2011: 387) an Intimität und gewinnen an Institutionalisierung. Während ein Pränatalname zum Beispiel nur der Schwangeren bekannt sein mag, vollzieht der Staat mit der standesamtlichen Bescheinigung einen offiziellen Anerkennungsakt.

Solche externen Anerkennungsakte fungieren zugleich als Bestätigung des individuellen Verlusts. In der akuten Situation wissen Betroffene meist noch nicht, welche Bedeutung das Ereignis für sie haben wird. Sie sind auf professionelle Deutungsangebote angewiesen, etwa durch Hebammen, die ihnen vermitteln, wie die Situation zu verstehen ist und was mit dem fötalen Körper beziehungsweise Schwangerschaftsgewebe passieren soll. Je nachdem, welche Routinen in der behandelnden Klinik üblich sind, erleben die Betroffenen den professionellen Umgang in Kongruenz oder in Diskrepanz zum eigenen Verlusterleben. Die individuelle Verlusterfahrung kann dann im Nachhinein auch geprägt sein von dem Gefühl, als Eltern versagt zu haben oder entrechtet worden zu sein.

Die Studie zeigt die heterogenen Umgangsweisen mit dem zentralen Widerspruch zwischen einem individuell empfundenen (Sternen-)Kindsverlust und der gesellschaftlichen Exklusion des Kindes aus dem »Kreis sozialer Personen« (Lindemann 2011: 35). Während die einen das Erlebte im Privaten verarbeiten, partizipieren andere am sternenelterlichen Alternativdiskurs. Wieder andere engagieren sich für einen gesellschaftlichen Anerkennungswandel (Böcker 2022b).

Fazit und Ausblick

Die Deutung einer ›verlorenen Leibesfrucht‹ ist keine ontologische Wahrheit, nicht mal biographisch konstant. Erfahrungen von Schwangerschaftsverlust sind hochgradig individuell. Zugleich – und das zeigt eine kultursoziologische Perspektive auf Schwangerschaftsverlust – stehen sie im Kontext kulturell-diskursiver Ordnungen. Jedes *doing loss* ist, so formuliert es Andreas Reckwitz (2021), »nicht auf ein individualpsychologisches Problem zu reduzieren, sondern findet in sozial-kulturellen Formen und Arenen statt«.

Ein Grunddilemma ist die normierte Liberalisierung: Einerseits obliegt es den Betroffenen, das ›richtige‹ Kind zu konstruieren und zu entscheiden, ob und inwieweit ein Schwangerschaftsverlust als Tod am Lebensanfang behandelt werden soll oder nicht. Andererseits ist Trauer hochgradig normiert (Jakoby 2015) und Betroffene werden permanent hinsichtlich ihres Umgangs mit dem Verlust bewertet. Es wird stets mitverhandelt, wie selbstverschuldet der Verlust ist, wer verdient hat, ein Kind zu bekommen und wer das Recht auf Trauer. Diese Normierungen und Bewertungen stehen im engen Zusammenhang mit gesellschaftlichen Vorstellungen von (guter, leiblicher, natürlicher) Mutterschaft (vgl. Correll 2010). Frauen, ihr Leben lang als zukünftige Mütter sozialisiert, erleiden mit einem Schwangerschaftsverlust mitunter auch einen Verlust von Status und Identität (vgl. Layne 2003).

Eine aktuelle Verfassungsbeschwerde fordert »gestaffelten Mutterschutz nach Fehlgeburt«, der freiwillig genommen werden kann. Dieser soll der Ungerechtigkeit entgegenwirken, dass nach einer Fehlgeburt vor der 24. Schwangerschaftswoche kein Anspruch auf Mutterschutz besteht. Solche Konflikte um die rechtliche Regelung von Schwangerschaftsverlusten verweisen auf gesellschaftliche Anerkennungsverhältnisse, in denen im Sinne Judith Butlers auch verhandelt wird, welche Leben als »betrauerbar« (Butler 2010: 9) gelten. Betroffene fordern das Recht, selbst darüber zu bestimmen, ob Fehlgeborene betrauerbar sind, und ob sie Mutterschutz erhalten möchten, und transformieren damit ihre Subjektpositionen in Richtung legitimer Elternschaft. Welche gesellschaftlichen Implikationen diese Konflikte bergen, etwa hinsichtlich fundamentalistischer Bestrebungen, den Status der fötalen Person zu stärken, bleibt zu beobachten.

Literatur

Böcker, Julia 2022a: Fehlgeburt und Stillgeburt. Eine Kultursoziologie der Verlusterfahrung. Weinheim, Basel: Juventa.

Böcker, Julia 2022b: Der Wandel zur Anerkennung von Fehl- und Totgeburt als Geburt eines Kindes. Österreichische Zeitschrift für Soziologie, 47. Jg., Heft 1, 59–82.

Butler, Judith 2010: Raster des Krieges. Warum wir nicht jedes Leid beklagen. Frankfurt am Main, New York: Campus.

Correll, Lena 2010: Anrufungen zur Mutterschaft. Eine wissenssoziologische Untersuchung zu Kinderlosigkeit. Münster: Westfälisches Dampfboot.

Deutscher Bundestag 2020: Antwort auf die Kleine Anfrage der Abgeordneten Katrin Helling-Plahr, Michael Theurer, Grigorios Aggelidis, weiterer Abgeordneter und der Fraktion der FDP – Drucksache 19/21192 – Unterstützung für von Fehl- und Totgeburten Betroffene, Drucksache 19/21615. https://dserver.bundestag.de/btd/19/216/1921615.pdf, letzter Aufruf am 14. Februar 2023.

Duden, Barbara 2002: Zwischen ›wahrem Wissen‹ und Prophetie. Konzeptionen des Ungeborenen. In Barbara Duden / Jürgen Schlumbohm / Patrice Veit (Hg.), Geschichte des Ungeborenen. Zur Erfahrungs- und Wissenschaftsgeschichte der Schwangerschaft, 17.–20. Jahrhundert. Göttingen: Vandenhoeck & Ruprecht, 11–48.

Feith, Dominik / Peter, Claudia / Rehbock, Theda / Tiesmeyer, Karin 2020: Grenzsituationen. Qualitative Forschung zu existentiellen Krankheitserfahrungen und Therapieentscheidungen. In Netzwerk Qualitative Gesundheitsforschung (Hg.), Perspektiven qualitativer Gesundheitsforschung. Weinheim, Basel: Juventa, 216–269.

Graumann, Sigrid 2011: Anerkennung und Sorgebeziehungen. In Nico Lüdtke / Hironori Matsuzaki (Hg.), Akteur – Individuum – Subjekt: Fragen zu ›Personalität‹ und ›Sozialität‹. Wiesbaden: Springer VS, 385–400.

Hirschauer, Stefan / Heimerl, Birgit / Hoffmann, Anika / Hofmann, Peter 2014: Soziologie der Schwangerschaft: Explorationen Pränataler Sozialität. Stuttgart: Lucius & Lucius.

Jakoby, Nina 2015: The Self and Significant Others. Toward a Sociology of Loss. Illness, Crisis & Loss, vol. 23, no. 2, 110–128.

Knorr Cetina, Karin 2002 [1984]. Die Fabrikation von Erkenntnis. Zur Anthropologie der Naturwissenschaft. Erw. Neuauflage. Frankfurt am Main: Suhrkamp.

Layne, Linda 2003: Motherhood Lost: A Feminist Account of Pregnancy Loss in America. New York: Routledge.

Lindemann, Gesa 2011: Anthropologie, gesellschaftliche Grenzregime und die Grenzen des Personseins. Ethik in der Medizin, 23. Jg., Heft 1, 35–41.

Maasen, Sabine 1999: Wissenssoziologie. Bielefeld: Transcript.

Przyborski, Aglaja / Wohlrab-Sahr, Monika 2008: Qualitative Sozialforschung. Ein Arbeitsbuch. München: Oldenbourg.

Reckwitz, Andreas 2021: Auf dem Weg zu einer Soziologie des Verlusts. Soziopolis. https://www.soziopolis.de/auf-dem-weg-zu-einer-soziologie-des-verlusts.html, letzter Aufruf am 14. Februar 2023.

Sänger, Eva 2020: Elternwerden zwischen »Babyfernsehen« und medizinischer Überwachung. Eine Ethnografie pränataler Ultraschalluntersuchungen. Bielefeld: Transcript.

Schütz, Alfred / Luckmann, Thomas 2017: Strukturen der Lebenswelt. 2. Auflage. Konstanz: UVK.

Strauss, Anselm 1998: Grundlagen qualitativer Sozialforschung. München: Wilhelm Funk.

Strübing, Jörg 2014: Grounded Theory und Theoretical Sampling. In Nina Baur / Jörg Blasius (Hg.), Handbuch Methoden der empirischen Sozialforschung. Wiesbaden: Springer VS, 457–472.

Villa, Paula-Irene / Moebius, Stephan / Thiessen, Barbara (Hg.) 2011: Soziologie der Geburt: Diskurse, Praktiken und Perspektiven. Frankfurt am Main: Campus.

Völkle, Laura 2021: Die Existenzweisen eines Fötus. Eine Einzelfallanalyse zu Prozessen der De/Personalisierung und De/Humanisierung bei Totgeborenen. Zeitschrift für Soziologie, 50. Jg., Heft 2, 114–130.

Waschkewitsch, Lisa 2021: Geburt zwischen Leben und Tod. In Birgit Blättel-Mink (Hg.), Gesellschaft unter Spannung. Verhandlungen des 40. Kongresses der Deutschen Gesellschaft für Soziologie 2020. https://publikationen.soziologie.de/index.php/kongressband_2020/article/view/1333/1600, letzter Aufruf am 5. Januar 2023.

Wettmann, Nico 2021: »Geburt und Tod liegen ja sehr dicht beieinander«. Eine empirische Analyse zum pränatalen Tod im Denkstil von Hebammen. In Thorsten Benkel / Matthias Meitzler (Hg.), Wissenssoziologie des Todes. Weinheim, Basel: Juventa, 268–291.

Zifonun, Dariuš 2016: Versionen. Soziologie sozialer Welten. Weinheim, Basel: Juventa.

Veränderungen in der Mitgliedschaft

Im Jahr 2022 hat die DGS 326 neue Mitglieder dazu gewonnen, darunter 52 Studierende. 142 Mitglieder sind ausgetreten und 6 verstorben. Zum Jahresende 2022 hatte die DGS 3.697 Mitglieder.

Neue Mitglieder

Dr. Henrik Andersen, Chemnitz
Dr. Céline Barry, Berlin
Sophie Bose, M.A., Leipzig
Sophia Cramer, M.A., Berlin
Lianara Dreyer, M.A., Berlin
Dipl. Biol. Rainer Heide, Berlin
Philipp Hennch, Marburg
Dr. Anne Mielke, Wittenberg
Thomas Max Patalas, Mönchengladbach
Judith Reinbold, M.A., Friedrichshafen
Sebastian Rost, Paderborn
Stella Schäfer, M.A., Frankfurt am Main
Dr. med. vet. Svenja Springer, Wien
Dilek Tepeli, M.A., Bochum
Victoria Taboada Gómez, M.A., Göttingen
Halil Emre Ucar, M.Ed., Bielefeld
Dr. Johanna Weselek, Heidelberg

Neue studentische Mitglieder

Sabrina Arneth, Potsdam
Fanny Klaffke, Basel
Oliver Kustner, Aachen
Alina Meyer, Oldenburg
Chiara Krauter, Berlin

Austritte

Lukas Arp, Dortmund
Susanne Becker, München
Prof. Dr. Ingrid Breckner, Hamburg
Cassandra Fuchs, Radevormwald
Dipl.-Soz. Anne Hartung, Esch-sur-Alzette
Julian Höhmann, Marburg
Nora Iranee, Frankfurt am Main
Dr. Marian Krawietz, Berlin
Annekatrin Kühn, M.A., Dortmund
Prof. em. Dr. Peter-Ulrich Merz-Benz, Brugg
Christin Neumann, Vechta
Alexandra Obermeier, Baldham
Mareike Oeltjen, M.A., Bremen
Prof. Dr. Franz Urban Pappi, Neustadt an der Weinstraße
Sarah Satilmis, Reutlingen
Mag. Andreas Schulz, M.A. B.A. B.A., Wien
Oleg Stepanenko, Würzburg
Dr. Regina von Görtz, Düsseldorf
Dipl.-Soz. Gerhardt Weitkunat, Lübeck

Verstorben

Prof. Dr. Sabine Gensior, Cottbus
Prof. Dr. Holger Hagen, Bremen

Sektion Soziologiegeschichte

1. Internationale Sektionstagung »Frauen in der Soziologiegeschichte« vom 9. bis 11. November 2022 an der Technischen Universität Braunschweig

Studierende des Bachelorstudiengangs Sozialwissenschaften der TU Braunschweig haben im Seminar »In the Real Laboratory of a Scientific Conference – Women in the History of Sociology« diesen Bericht verfasst, betreut von den Dozentinnen Nicole Holzhauser und Flora Brzosa.

Noch heute erhalten historische Sozialwissenschaftlerinnen im klassischen soziologischen Diskurs viel weniger Aufmerksamkeit als ihre männlichen Pendants. Welche Gründe gibt es dafür? Mit dieser und weiteren Fragen beschäftigte sich die von Nicole Holzhauser (Braunschweig) und Barbara Grüning (Mailand) organisierte Tagung, um vergessene beziehungsweise vernachlässigte Wissensbestände, insbesondere mit Blick auf potenzielle, innerwissenschaftliche soziale Diskriminierungs- oder Marginalisierungsmechanismen qua Geschlecht zu rekonstruieren und zu analysieren.

Die Organisationsform der Tagung wies einige Besonderheiten auf. Einerseits fand in einem hybriden, das heißt gemeinsamen realen und virtuellen Raum ein reger internationaler, (inter-)disziplinärer und transdisziplinärer Austausch statt, bei dem rund 30 Teilnehmende in Präsenz in Braunschweig mit mehr als 150 online Teilnehmenden zusammenkamen. Andererseits war die Tagung an der TU (und an anderen Universitäten, wie der Karl-Franzens-Universität Graz) als eine Art »Wissenschaftsreallabor« für Studierende in die universitäre Lehre eingebunden. In Braunschweig nahmen Studierende im Bachelor-Modul »Think Gender« aktiv an der Konferenz teil und präsentierten zusammen mit interdisziplinären Kolleg*innen aus der Psychologie und mit *Mariabeatrice Stuarai,* einer Kommilitonin aus Turin, in einer »Students meet Scientists«-Postersession eigene Auseinandersetzungen mit Frauen in der sozialwissenschaftlichen Geschichte. Und nicht zuletzt brachte das Gesprächsformat eines »Worldcafés« Konferenzteilnehmende verschiedener Fach- und Qualifikations-Hintergründe aktiv ins Gespräch über Geschlechterungleichheiten in der Wissenschaft, was für uns als Studierende besonders bereichernd war.

In ihren Grußworten betonten Christian Ebner, der Leiter des Instituts für Soziologie, und Angela Ittel, die Präsidentin der TU Braunschweig, die Notwendigkeit, sich auch in historischer Perspektive den nach wie vor existierenden Herausforderungen von Gleichstellung und Diversität in der Wissenschaft zu stellen. Ittel sprach an, dass sich in den zurückliegenden Jahren bereits vieles zum Positiven gewendet habe, aber: »that we still have a long way to go to achieve equal opportunities for all, and by all, I mean not only women but also other people who not necessarily are in the majority of society.«

Den Eröffnungsvortrag hielten *Maya Halatcheva-Trapp* und *Angelika Poferl* (Dortmund) über die Sozialforscherin Jane Addams. In einer wissenskulturellen Lesart analysierten sie am Beispiel der »Hull-House Maps & Papers« die spezifischen Arten der Produktion und Legitimation von soziologischem Wissen und damit verbundene gesellschaftliche Ungleichheiten. *Giuseppina Cersosimo* (Salerno) veranschaulichte am Beispiel von Florence Kelley die Exklusion insbesondere von Aktivistinnen aus der Soziologiegeschichte aufgrund von deren vermeintlich nicht ausreichender Wissenschaftlichkeit.

Wissenschaftsjournalistin *Ellie Smolenaars* (Amsterdam) setzte sich mit dem Konzept des »Travellers« im Werk von Harriet Martineau auseinander, in dem Ähnlichkeiten zwischen Reisenden und Forscher*innen betont werden. Smolenaars diskutierte die Implikationen, die mit einer solchen Konzeption bezüglich der Anforderungen an Forschungskompetenzen einhergehen, und wendete den transdisziplinären Ansatz auf die Problemstellung der Marginalisierung von Frauen in der Wissenschaft an.

Die Archäologin *Doris Gutsmiedl-Schümann* (München) stellte in ihrer interdisziplinären Keynote das BMBF-geförderte Projekt »Akt Archa« zu Frauen in der Archäologiegeschichte vor und verglich dessen Forschungsdesign mit Vorgehensweisen in der Soziologiegeschichte. Schwerpunkt von »Akt Archa« ist die historisch-vergleichende Erforschung von archäologischen Feld-, Labor- und Schreibtischarbeiten ab dem späten 18. Jahrhundert mit besonderem Fokus auf (oft) vergessenen Wissenschaftlerinnen und mit deren Vergessen verbundenen Praktiken der Exklusion.

Iside Gjergji (Coimbra) beleuchtete am Beispiel der Kommunikations- und Sozialwissenschaftlerin Herta Herzog eindrücklich den »Matilda-Effekt«, der beschreibt, dass wissenschaftliche Leistungen von Frauen häufig Männern zugerechnet werden. Im Fall Herzog werde deren grundlegender Beitrag zur Entwicklung der Fokus-Gruppen-Analyse regelmäßig Robert K. Merton zugeschrieben und Herzog sei auf Basis von männlich-chauvinistischen institutionellen Praktiken aktiv verdrängt worden. Eine andere Form der Marginalisierung beschrieb *Emily A. Steinhauer* (London), die am Beispiel von Hilda Weiss blinde Flecken in der häufig als rein männlich beschriebenen Geschichte der Frankfurter Schule und deren Kritischen Theorie offenlegte.

Oliver Neun (Kassel) stellte dagegen den Kreis um Karl Mannheim als historischen Fall eines für Frauen positiven Wissenschaftsumfeldes vor. Insbesondere Viola Klein sei hervorzuheben, die sich schon damals wissenssoziologisch mit der Rolle der Frau in der Wissenschaft beschäftigte.

In intersektionaler Perspektive argumentierte *Kristal S. Johnson* (Florida), dass soziale Ungleichheiten im amerikanischen Bildungswesen immer noch dazu führten, dass bestimmte Akteure, besonders nicht-weiße Frauen, in der Soziologie wie auch in der amerikanischen Gesellschaft insgesamt überwiegend unbeachtet blieben. Sie führte in das Werk einiger vernachlässigter Soziologinnen ein, wie zum Beispiel der »mother of black feminism« Anna Julia Cooper. Der afro-amerikanischen Aktivistin hatten auch die TU-Studierenden eines ihrer Poster gewidmet.

Im zweiten Abendvortrag präsentierte *Tanja Paulitz* (Darmstadt) geschlechtsspezifische Analysen der Alltagserfahrungen von Professorinnen in der wissenschaftlichen Organisationskultur. Clou der Ergebnisse ist, dass die Kategorie Geschlecht als Ursache für Ungleichheiten von den Betroffenen selbst als blinder Fleck und damit als zu identifizierendes potenzielles Problem weitgehend ausgeblendet zu werden scheint.

Am letzten Konferenztag sprach *Barbara Hönig* (Graz) über die Innovationskraft der feministischen Standpunkttheorie von Dorothy E. Smith sowie deren wissenssoziologische Grundlegung und *Christopher Schlembach* (Wien) führte in das Werk Uta Gerhardts anhand des darin propagierten Zusammenhangs zwischen Soziologie und Demokratie ein.

Heike Trappe (Rostock) schloss die Konferenz mit einer empirischen Analyse der Entwicklung von geschlechtsspezifischen Publikationspraktiken in deutschen Soziologiezeitschriften über die letzten 25 Jahre. Der Anteil von Autorinnen habe sich zwar deutlich erhöht, insbesondere in Form von gemischten Autor*innenteams, trotzdem seien Frauen noch unterrepräsentiert, insbesondere als Allein-Autorinnen.

Mit Blick auf den weiteren Abbau von Marginalisierungs- und Diskriminierungsmechanismen in den Sozialwissenschaften hinterlassen die auf der Tagung vorgestellten und diskutierten Befunde aus der jüngsten Soziologiegeschichte vorsichtigen Optimismus.

Karl Beck, Nils Köhler, Nicolas Kropp und Viktoria Schnur

Ein kurzes Gespräch mit Martin Kohli,
Gründer der Kohli Stiftung für Soziologie

Herr Kohli, Sie haben vor kurzem die Kohli Stiftung für Soziologie[1] gegründet. Wie kam es dazu?

Kohli: Meine Antwort auf Ihre Frage hat zwei Teile. Der erste Teil ist, dass ich mir überlegt habe, was ich mit meinen Ressourcen machen kann. Ich habe keine direkten Nachkommen und kann frei über mein Vermögen verfügen. Ich bin da nicht allein. Es gibt inzwischen viele Stiftungen, große und kleine, da ja auch die Kinderlosigkeit und zugleich der Anteil derer, die etwas spenden oder vererben können, zugenommen haben. Wir haben zum Glück eine lange Friedenszeit erlebt, Zeit, etwas aufzubauen. Viele möchten nun der Gesellschaft etwas zurückgeben – etwas, was uns weiterbringt. Was kann das sein?

Und da komme ich zum zweiten Teil der Antwort. Mir ist die Soziologie sehr wichtig. Wir betrachten sie vielleicht nicht mehr als die Schlüsselwissenschaft der Moderne (oder Postmoderne), aber sie ist nach wie vor unentbehrlich zum Verstehen und Verändern der Gesellschaft. Ich halte es für notwendig, dass die Soziologie eine solche Stiftung hat. Sie ist bei weitem nicht die einzige Stiftung, die es in den Sozialwissenschaften gibt, aber sie ist eine der wenigen, vielleicht in der Tat die einzige, die sich auf die Soziologie als spezifische Disziplin richtet. Sie kann und will dort mehr erreichen, als einzelne Projekte zu fördern oder Preise für Dissertationen oder Zeitschriftenartikel zu vergeben. Wir vergeben hauptsächlich einen großen Preis für Soziologie, einen kleineren Preis für soziologische Infrastrukturen und einige Postdoc-Stipendien. Natürlich können und wollen wir nicht mit den großen multidisziplinären Förderstiftungen konkurrieren. Aber die Soziologie braucht mehr Selbstbewusstsein als Fach und sollte auch in der Öffentlichkeit so wahrgenommen werden: als ein Fach, das preiswürdig ist – das ausgezeichnete Wissenschaft hervorbringt, die ausgezeichnet werden soll. Dazu möchten wir einen Beitrag leisten.

In der Satzung heißt es, die Kohli Stiftung für Soziologie »dient der Förderung der Soziologie als wissenschaftlicher Disziplin und ihrer interdisziplinären Verbindungen«. Wie nehmen Sie die Soziologie als wissenschaftliche Disziplin wahr?

---

1 *Anm. der Redaktion*: Nähere Informationen finden Sie unter https://kohlifoundation.eu/

Kohli: Es ist ja umstritten, ob die Soziologie eine einheitliche wissenschaftliche Disziplin ist und sein kann. Ich denke, sie ist es nicht von selbst – dieser Status muss immer wieder erarbeitet werden, und auch dazu will die Stiftung im Rahmen ihrer Möglichkeiten beitragen. Es gibt innerhalb der Soziologie Tendenzen der Ausdifferenzierung der Ansätze und Themenfelder, die in Richtung Desintegration gehen. Aus meiner Sicht hat die Soziologie aber doch einen gemeinsamen Kern, der die einzelnen Teile verbinden kann und sie in einem weiteren Sinn zum Sprechen bringt. Die Organisationen des Faches haben hier ihre zentrale Aufgabe, um die soziologische Agenda als Ganzes herauszustellen und die Soziolog*innen dazu zu bringen, sich aufeinander zu beziehen. Dies ist eine Leistung, die nicht hoch genug zu schätzen ist und in der Vergangenheit nicht zuletzt von der DGS erbracht worden ist.

Ich konnte das selbst als Vorstandsmitglied der DGS in den 1980er Jahren mitverfolgen. Ich habe die Arbeit in der DGS als essenziell empfunden, weil es sonst wenig institutionelle Verbindungen gibt, die das Fach als Ganzes nach innen zusammenhalten und nach außen repräsentieren.

Der Stiftung geht es um beides: die Agenda nach innen zu stärken und nach außen sichtbar zu machen. Ich bin immer unglücklich darüber gewesen, dass sich Teile und Ansätze aus der Soziologie verselbständigt haben und es auf deutscher und europäischer Ebene auch zu Spaltungen zwischen den entsprechenden Fachgesellschaften gekommen ist. Die Stiftung möchte dazu beitragen, die Spaltung nicht weiter wachsen zu lassen. Natürlich hat jeder von uns und haben wir als Stiftung bestimmte Vorstellungen und Präferenzen, die in den eigenen Arbeiten mehr oder weniger erfolgreich umgesetzt werden. Die Stiftung will allerdings darüber hinaus gehen und versuchen, das Fach als Ganzes in den Blick zu nehmen.

Was verstehen wir in diesem Sinne unter Soziologie? Wir haben dazu in der Satzung eine sehr allgemeine Formulierung gewählt: »Soziologie wird verstanden als theoriegeleitete empirische Wissenschaft mit einem breiten Spektrum von Gegenständen und Perspektiven, aber immer auf der Grundlage klarer analytischer und methodischer Verfahren«. Das schließt vieles ein und manches aus. Nicht ausgeschlossen sind damit reine theoretische Arbeiten, auch wenn für die Stiftung die Verbindung zur – breit aufgefassten – Empirie im Vordergrund steht.

Noch ein Wort zu den interdisziplinären Verbindungen: Sie sind in beide Richtungen relevant. Die Soziologie kann ihren Nachbardisziplinen viel geben und von ihnen ebenso viel gewinnen. Ich habe in meiner eigenen soziologischen Tätigkeit unterschiedliche empirische Verbindungen dieser Art geknüpft und auszuarbeiten versucht. Zunächst (in Zürich) ging dies in Richtung Psychologie; dann (in Konstanz) in Richtung Medienwissenschaften; dann, als ich ein Jahr in Princeton am *Institute for Advanced Study* verbringen konnte, in Richtung Kulturanthropologie und Demographie. Später in Berlin arbeitete ich viel mit Sozialhistorikern zusammen, was sich zu einem langjährigen Graduiertenkolleg der DFG unter dem Oberbegriff »Gesellschaftsvergleich« kristallisierte. Darin stand die Soziologie im Verbund mit Geschichtswissenschaft und Ethnologie – eine außerordentlich spannende Kombination. In Florenz am *European University Institute* fand ich mich schließlich mit Politolog*innen in einem Departement wieder, wo wir uns oft darüber stritten, ob die Politologie eigentlich eine Unterdisziplin der Soziologie sei und was ihren Anspruch auf Eigenständigkeit ausmache. Institutionell ist sie eigenständig und als solche auch sehr erfolgreich, erfolgreicher vielleicht als die Soziologie. Systematisch allerdings ist sie eigentlich als ein Teil einer umfassenden Wissenschaft von der Gesellschaft zu verstehen.

Sie blicken auf eine lange Berufstätigkeit als Professor für Soziologie zurück, unter anderem an der FU Berlin, der Universität Bremen und dem EUI in Florenz. Wie haben Ihre Erfahrungen in Forschung, Lehre und der soziologischen Gemeinschaft die Ausrichtung der Stiftung geprägt?

Kohli: Da muss ich etwas weiter zurückgehen. Ich habe am Anfang nach meinem Studienabschluss in Bern das intensive Bedürfnis verspürt, in die sogenannte »Praxis« zu gehen. Ich habe dann drei Jahre als Angestellter des Erziehungsministeriums des Kantons Zürich gearbeitet und dort Bildungsstatistik und Bildungsplanung betrieben. Bildung war der Hebel, über den wir damals die Gesellschaft verändern zu können glaubten. Planung die Methode dazu. Das ging einige Zeit gut, bis es bei mir dann doch eine starke Desillusionierung gab. Als mein Berner Doktorvater Kurt Lüscher nach Konstanz berufen wurde und mich fragte, ob ich als Assistent mitkommen möchte, habe ich ohne zu zögern ja gesagt.

Konstanz war eine wichtige Station in meinem beruflichen Lebenslauf: eine junge und kreative Universität, an die einige sehr originelle Köpfe berufen worden waren. Die prägende Figur in der Soziologie war Thomas Luckmann, und es gab auch weitere eindrückliche Vertreter der phänomenologischen und hermeneutischen Ansätze, auch in den geisteswissenschaftlichen Nachbarfächern. In Berlin war es eine andere Situation. Es gab intensive Debatten um Marxismus und Politische Ökonomie, aber im Binnenverhältnis blieb das lange Zeit unproduktiv – es war ein Institut, das seine Ressourcen nicht wirklich nutzte, sondern in Konflikten aufrieb. Zum Glück hatte ich einige Kollegen, mit denen sich eine interessantere Kommunikation ergab, Wolf Lepenies, Hans Joas, später Heiner Ganßmann. Und ich hatte die Möglichkeit, mit den außeruniversitären Institutionen, die sich zu dieser Zeit in Berlin bildeten, andere Forschungsschwerpunkte zu setzen. Hier waren für mich vor allem das Max-Planck-Institut für Bildungsforschung und das WZB zentral. Durch meine Auslandsaufenthalte ergaben sich zudem Einblicke, die ich so in Berlin allein nicht hätte gewinnen können. Auch diese internationalen Dimensionen versuchen wir in der Stiftung zu betonen.

In der Lehre ist es uns dann gelungen, eine neue Struktur auf die Beine zu stellen, die in einen erfolgreichen Diplomstudiengang mündete. Leider wurde der Studiengang gegen Ende der 1990er Jahre durch eine Universitätsspitze unterbunden, die immer nochmals die Konflikte der 60er und 70er Jahre nachvollziehen wollte. Ich mich nicht zuletzt deshalb nach Florenz beworben, was sich im Nachhinein als sehr glücklich erwies. Mit dem EUI habe ich eine Institution gefunden, die ich außerordentlich bereichernd fand. Das betrifft die Kolleg*innen, mit denen man eng zusammenarbeitete, und die Doktorand*innen, die es nach Florenz zog und die wir selbst auswählen und ausbilden konnten. Die Zeit in Florenz war auch äußerlich eine sehr angenehme und luxuriöse Zeit, was die wunderbare Umgebung, das wissenschaftliche Ambiente und die ausgezeichneten institutionellen Bedingungen betraf.

In Berlin habe ich, wie erwähnt, angefangen, mich für die Institutionen des Faches zu engagieren, und habe als Vorstandsmitglied der DGS unter den Vorsitzenden Bernhard Schäfers und Wolfgang Zapf über die Soziologentage beziehungsweise Soziologiekongresse zur Institutionalisierung der Auseinandersetzung zwischen den verschiedene Teildisziplinen und Flügeln des Faches beitragen können. In diese Zeit fielen auch die Wende und die Integration der DDR-Soziologie, die weitere vergleichende Dimensionen öffneten und in Berlin natürlich mit besonderer Wucht erlebbar waren. Dabei konnte man nicht von einer Wiedervereinigung sprechen, so wenig wie man dies auf staatlicher oder gesellschaftlicher Ebene tun konnte, weil es sich im Wesentlichen um eine Übernahme des Ostens durch den Westen handelte.

Später habe ich mich an der Gründung der *European Sociological Association* beteiligt und war zwei Jahre deren Präsident. Es ging hier nicht nur um eine Integration verschiedener Ansätze und deren aktivistische Vertreter*innen, sondern auch um eine Integration nationaler Soziologietraditionen und deren institutionellen Ausprägungen. Das gegenwärtige Resultat ist eine Spaltung in (mindestens) zwei Flügel und deren Organisationen: in Deutschland DGS und Akademie für Soziologie, auf europäischer Ebene ESA und *European Consortium for Sociological Research*. Der Begriff »soziologische Gemeinschaft« in Ihrer Frage mutet angesichts dieser Flügelkämpfe euphemistisch an, aber wir sollten uns nicht auf Dauer damit abfinden. Vielleicht wird dadurch deutlich, was mich zur Gründung der Stiftung bewogen hat: die Überzeugung, dass die Soziologie von ihren multiplen Perspektiven lebt, aber sich auch immer wieder zu einer gemeinsamen Agenda zusammenraufen und diese in der Öffentlichkeit sichtbar machen muss.

Wie schätzen Sie die Relevanz der Soziologie in der Öffentlichkeit ein und ist Ihnen das ein Anliegen?

Kohli: Die Leibniz-Preisträger*innen der letzten Jahre zeigen zwar, dass zumindest in der wissenschaftlichen Öffentlichkeit das Ansehen der Soziologie und die Nachfrage nach ihren Leistungen zunehmen. Es gibt aber immer noch viele alte Vorurteile und abschätzige Haltungen. Die Soziologie ist auch weniger als die benachbarten Fächer in der Bildungs- und Medienlandschaft verankert. Das zeigt sich exemplarisch an der Gesellschaftslehre im Sekundarbereich – gerade im Unterschied zur Politologie, die die Sozialkunde praktisch monopolisiert hat. Auch im gepflegten Feuilleton ist die Soziologie oft nicht mehr als ein bequemer *punching ball*. Die Zeit, in der die Soziologie den anderen sozial- und geisteswissenschaftlichen Fächern als Leitwissenschaft galt, ist schon lange vorbei. Andere Fächer – Geschichtswissenschaft, Philosophie, Politologie, nicht zu reden von der Ökonomie – sind in meiner Wahrnehmung erfolgreicher. Für die Stiftung ist es ein wichtiges Ziel, zur Änderung dieses Zustands beizutragen, indem sie preiswürdige Leistungen in die Öffentlichkeit bringt. Unsere Möglichkeiten dazu sind natürlich begrenzt, gerade wenn man es mit den großen Stiftungen vergleicht. Aber wir hoffen, durch unsere Konzentration auf die Soziologie zu zeigen, dass diese sich nicht in mehr oder weniger beliebigen Deutungen erschöpft, sondern systematische Forschung betreibt, die zu den großen Fragen Stellung nehmen kann. Mir ist es immer wichtig gewesen, dass wir uns nicht einfach von der Tagesaktualität leiten lassen, sondern die wesentlichen Impulse auch aus der kognitiven Eigendynamik des Faches gewinnen. Man kann sicher nicht sagen, dass die Wissenschaft die gesellschaftliche Agenda bestimmt, aber sie sollte sich nicht von ihr instrumentalisieren lassen, sondern ihr mit der nötigen Distanz und Nachhaltigkeit begegnen.

Die Kohli Stiftung für Soziologie ist europäisch und international ausgerichtet. Welche Anregungen versprechen Sie sich daraus für die spezifisch deutsche Situation?

Kohli: Uns geht es nicht um die spezifisch deutsche Situation. Wir verstehen uns europäisch und global. Gewiss sind und bleiben die Nationalstaaten und die in ihnen institutionalisierten Wissenschaften zentrale Akteure, aber die Soziologie kann sich nicht mehr primär auf die Nationalgesellschaften beziehen. Sie muss diese vergleichend, europäisch und weltgesellschaftlich in den Blick nehmen. Diese Dimensionen gibt es seit langem, sie sind aber noch keineswegs erschöpft. Da bleibt viel zu tun.

Als Professor für Soziologie ist man nicht gerade für üppigen Wohlstand bekannt. Woher kommt das Vermögen der Kohli Stiftung für Soziologie?

Kohli: Das Vermögen für die Stiftung kommt aus zwei Quellen, zum einen aus dem Erbe von meinen Eltern und zum anderen aus meiner eigenen Berufskarriere. Ich habe nicht so schlecht verdient – sogar als Soziologe – und erfolgreich investiert. Das geerbte Geld von meiner Familie ist im Übrigen nicht *old money*. Alle meine vier Großeltern sind als Bauernkinder aufgewachsen. Die beiden Buben waren nicht erbberechtigt und mussten deshalb etwas anderes machen. Mein Vater ist als Angestellter Chef eines mittelständischen metallverarbeitenden Unternehmens am Rande des Uhrendistrikts im schweizerischen Jura geworden. Das war zu einer Zeit, als die Lohnspreizung zwischen Arbeitern und Chefs noch wesentlich geringer war als heute, aber durch protestantische Lebensführung und geschicktes Investieren hat er das, was er verdiente, gemehrt. Jetzt kann ich daraus immerhin eine kleinere Stiftung finanzieren. Sie ist also ein Zwei-Generationen-Projekt.

Und schließlich: Was wünschen Sie sich für Ihre Stiftung?

Kohli: Ich wünsche mir, dass sie etwas zur Produktivität der Soziologie und zu ihrem Ansehen in der Öffentlichkeit beitragen kann, indem sie wissenschaftliche Exzellenz fördert und auszeichnet.

Schader-Preis 2023 für Steffen Mau

Der Senat der Schader-Stiftung hat am 10. November 2022 in Darmstadt den Schader-Preisträger für 2023 ausgewählt. Mit dem Preis wird der Sozialwissenschaftler Prof. Dr. Steffen Mau ausgezeichnet.

Steffen Mau ist Professor für Makrosoziologie an der Humboldt-Universität zu Berlin. Der mit 15.000 Euro dotierte Schader-Preis würdigt Gesellschaftswissenschaftlerinnen und Gesellschaftswissenschaftler, die aufgrund ihrer wegweisenden wissenschaftlichen Arbeit und durch ihr vorbildliches Engagement im Dialog mit der Praxis einen Beitrag zur Lösung gesellschaftlicher Probleme geleistet haben. Er wird im Juni 2023 in Darmstadt überreicht.

»Mit Steffen Mau zeichnen wir einen der originellsten Soziologen in Deutschland aus. Seine Arbeiten bestechen durch theoretische Innovationen und empirische Originalität«, begründet die Sprecherin des Senats der Schader-Stiftung Nicole Deitelhoff, Direktorin des Leibniz Institut Hessische Stiftung Friedens- und Konfliktforschung, die Entscheidung für den kommenden Preisträger: »Seine Erkenntnisse setzen immer wieder wichtige Impulse für drängende gesellschaftspolitische Debatten, wie auch jüngst zur Frage nach der möglichen Spaltung der Gesellschaft, die er – mit einem Augenzwinkern – auch zoologisch zu erklären versteht«, so Deitelhoff weiter.

»Ich fühle mich sehr geehrt und freue ich mich auf die Zusammenarbeit und das Mitwirken im Senat in den nächsten Jahren. Das ist eine illustre Runde in einem sehr interessanten Stiftungskontext«, so der Preisträger Steffen Mau in einer ersten Reaktion.

Steffen Mau, geboren 1968 in Rostock, studierte Soziologie und Politikwissenschaft an der Freien Universität Berlin. Nach Stationen beim Europäischen Hochschulinstitut in Florenz und der Universität Bremen ist er seit Professor für Makrosoziologie an der Humboldt-Universität zu Berlin inne und forscht unter anderem zu den Themen soziale Ungleichheit, Transnationalisierung, europäische Integration und Migration. Im vergangenen Jahr wurde er mit dem Gottfried Wilhelm Leibniz-Preis der Deutschen Forschungsgemeinschaft (DFG) ausgezeichnet.

Peter Lonitz, Schader-Stiftung

In memoriam Volkmar Sigusch
(1. Juni 1940 – 7. Februar 2023)

»Der Mensch ist von Natur gesellschaftlich und sein Sexualleben ist es ohnehin durch und durch.« Mit dieser pointierten Formulierung entlarvte der Sexualwissenschaftler Volkmar Sigusch die weit verbreitete Ideologie der Naturalisierung von Körper und Sexualität, die insbesondere den weiblichen Körper betrifft (Sigusch 2005: 179). Sigusch stand in der Tradition Kritischer Theorie Frankfurter Provenienz; seine Analysen des Sexuellen sind eingebettet in eine Kritik der politischen Ökonomie, verbunden mit einer psychoanalytischen Perspektive. Von hier aus suchte er in einem ungemein produktiven, akademischen Schaffen die Widersprüche und Paradoxien sexueller Manifestationen in den letzten 60 Jahren in den Blick zu nehmen. Entstanden sind dabei nicht weniger als 850 wissenschaftliche Publikationen, darunter 51 Bücher, wie seine Webseite der Universität Frankfurt vermerkt.

Geboren in einem kleinen Kurort in Brandenburg, zog es ihn kurz vor dem Mauerbau in den Westen, wo er Medizin und Philosophie in Frankfurt und Hamburg studierte. Zu seinen akademischen Lehrern zählten so unterschiedliche Persönlichkeiten von Philosophen wie Theodor W. Adorno und Max Horkheimer einerseits und Psychiatern wie Hans Giese und Hans Bürger-Prinz andererseits. Während die ersten beiden Verfolgte des Nationalsozialismus waren und im amerikanischen Exil überlebten, waren die beiden anderen während des Krieges überzeugte Nationalsozialisten und nutzten die personellen NS-Netzwerke auch für ihre späteren wissenschaftlichen Aktivitäten im Hinblick auf die Entpathologisierung von Homosexualität und die Akademisierung der Sexualforschung.

Erfolgreich umgesetzt hat diese Akademisierung jedoch erst Volkmar Sigusch, der 1972 als erster im Fach Sexualmedizin bei Bürger-Prinz in Hamburg habilitiert und im selben Jahr auf eine Professur im neugegründeten Institut für Sexualwissenschaft an die Universität Frankfurt berufen wurde – ungewöhnlich ebenfalls, dass er zwei Fachbereichen als Professor angehörte, den Gesellschaftswissenschaften und der Medizin. In dieser doppelten Ausrichtung gilt er zurecht als Begründer einer »Kritischen Sexualwissenschaft«, die in Analogie an die Kritische Theorie Frankfurter Tradition auch mit »großem K« geschrieben werden sollte. Die Akademisierung der Frankfurter Sexualwissenschaft währte allerdings nicht lange. Mit der Emeritierung Siguschs im Jahr 2006 wurde das Institut wieder geschlossen, nachdem es ihm leider nicht gelungen war, beizeiten für eine angemessene Nachfolge zu sorgen.

Sigusch hinterlässt ein reiches und vielfältiges Œuvre. Dabei ist es nicht in erster Linie eine systematische Sexualtheorie, um die sein wissenschaftliches Denken kreiste. Vielmehr war er ein brillanter Essayist, der die Sprache liebte und intensiv am Begriff arbeitete. Zu Unrecht hat das Essayistische im deutschen akademischen Kontext einen etwas negativen Beiklang; doch es steht in einer Linie mit dem vielfach gerühmten Schreiben von Sigmund Freud, den er auch sehr schätzte und weiterdachte. Dafür wurde er mit dem Sigmund-Freud-Kulturpreis der psychoanalytischen Fachgesellschaften DPV und DPG ausgezeichnet und hätte auch den gleichnamigen Preis für wissenschaftliche Prosa verdient.

Die »Fragmente« und »Zwischenrufe«, wie er zwei seiner Bücher betitelte (Sigusch 2013; 2005), scheinen mir charakteristisch für das Denken von Volkmar Sigusch, das als *mind-blowing* bezeichnet werden kann. Sie sind voller Esprit, klug und scharfsinnig, oft überraschend, manchmal polemisch – ein intellektuelles Vergnügen, das neue Perspektiven eröffnet und das eigene Denken zum Arbeiten bringt. Interessanterweise gibt es im Deutschen für *mind-blowing* keine Übersetzung. Das Fragmentarische, Collagen- oder Myzelartige seines Schreibens schmiegt sich mimetisch an den Gegenstand des Sexuellen, das sich dem sprachlichen Zugriff weitgehend entzieht.

In einiger Spannung zu dieser besonderen Art zu schreiben steht die ungeheuer kenntnisreiche und akribische Arbeit an zwei großen Enzyklopädien, einer »Geschichte der Sexualwissenschaft« (2008) und einem »Personenlexikon der Sexualforschung« (2009). Dass inzwischen diese beiden Bände und nicht die theoretischen Arbeiten als Standardwerke gelten, entbehrt nicht einer gewissen bitteren Ironie des Wissenschaftsbetriebs.

Als akademischer Lehrer und Publizist war es Volkmar Sigusch ein Anliegen, den vielfältigen Pathologisierungen und Normierungen des Sexuellen entgegenzutreten, lange bevor die Heteronormativitätskritik verbreitet war. Wissenschaftskritik lag ihm dabei ebenso am Herzen wie die Kritik an der Psychoanalyse, mit der er Freud gegen seine Nachfolger:innen verteidigte. Beharrlich argumentierte er für dessen frühe Sexualtheorie, deren bahnbrechende Bedeutung er gekonnt und überzeugend aus der ersten Fußnote Freuds in dessen »Drei Abhandlungen zur Sexualtheorie« rekonstruierte. Er kritisierte eine zeitgenössische sozial- und sexualwissenschaftliche Theoriebildung, die von Freud nichts (mehr) wissen will, aber auch den Mainstream der Psychoanalyse, der sie »durch Tiefe verflacht« (wie Lukács formulierte). Sigusch suchte, den Trieb als grundlegend Anderes, dem Bewusstsein nicht Zugängliches zu retten, und wandte sich leidenschaftlich gegen die verbreitete Vorstellung eines »Triebtäters«, da sexuelle Gewalt nicht der Lust, sondern vielmehr den Herrschaftsstrukturen entspringt.

Er liebte es, auf die Paradoxien und Widersprüche der gesellschaftlich hervorgebrachten und strukturierten Manifestationen des Sexuellen aufmerksam zu machen und in dialektischen Figurationen zu denken. Nichts sei so wenig »natürlich« oder »individuell« wie die Sexualität. Zwar seien das Geschlechts- und Sexualleben in den letzten Jahrzehnten auf der einen Seite selbstbewusster, angstfreier und vielgestaltiger, auf der anderen Seite jedoch auch kommerzialisierter und banalisierter geworden; dem Glücks- und Befreiungsversprechen der sexuellen Liberalisierung in den 1960er Jahren folgte eine negative Mystifizierung, die das Sexuelle mit Konnotationen von Ungleichheit, Gewalt und Krankheit versah. Sigusch (2005b) bezeichnete diese Veränderungen als »neosexuelle Revolution«. Kennzeichnend dafür seien verschiedene Dissoziationen, Dispersionen und Diversifikationen, die das Sexualleben in Abhängigkeit von gesellschaftlichen Entwicklungen veränderten. Eine zentrale Rolle spielte dabei beispielsweise die Viruserkrankung Aids, die Sexualität mit einer tödlichen Bedrohung versah und Praktiken von *safer sex* hervorbrachte. Aber auch technologische Neuerungen im Bereich Reproduktionsmedizin gingen mit Veränderungen des Sexuellen einher; in diesem Falle etwa die Trennung von Sexualität und Fortpflanzung. Als Beispiele für Dispersionen nennt Sigusch die Aufsplitterung des Begehrens in eine Vielzahl parzellierter Befriedigungsformen, die sich etwa auf verschiedenen Internetplattformen finden und häufig auch kommerziell genutzt werden.

Von den Dissoziationen, die Volkmar Sigusch anführte, möchte ich kurz die Trennung der geschlechtlichen von der sexuellen Sphäre herausgreifen, »die zu einer (neuerlichen) Genuierung der weiblichen (und damit auch der männlichen) Sexualität […] führte« (ebd.: 135). Während bis dahin die Vorstellung *einer* Sexualität dominierte, die freilich androzentrisch gedacht war, wurde dies differenziert in eine »männliche« und eine »weibliche« Variante, die zumeist mit Geschlechterklischees besetzt waren von »triebhaft, aggressiv, gewalttätig« beziehungsweise »zärtlich, zugewandt, passiv«. Sigusch verbindet diese Dissoziation mit der Dekonstruktion androzentrischer Begrifflichkeiten und Sichtweisen, wie sie etwa auch Luce Irigaray eindrucksvoll vorgenommen hat, um eine positive sexuelle Identität für Frauen* zu ermöglichen (Irigaray 1979). So notwendig diese Dekonstruktion einerseits ist, um die Sexualität aus den Verengungen hegemonialer Männlichkeit zu lösen, so problematisch ist andererseits die daraus entstandene Aufteilung in eine »männliche« und eine »weibliche« Sexualität. Denn durch diese Aufteilung wird die Sexualität paradoxerweise unverbrüchlich mit einem Geschlecht verbunden und auf diese Weise »essentialisiert«. Wenn es nun nicht sinnvoll erscheint, die Sexualität in eine »männliche« und eine »weibliche« aufzuteilen, bleibt die Frage, wie die Materialität des Geschlechtskörper im Bereich des Sexuellen angemessen berücksichtigt werden kann. An einer solchen Frage zeigt sich, wie hilfreich Siguschs Perspektive der Kritischen Theorie ist, welche die diskursive Erzeugung des Geschlechtskörpers und die darin nicht aufgehende Materialität dieses Körpers als dialektisches Verhältnis begreift. Diese Dimension des Nicht-Identischen, das sich dem sprachlichen und normativen Zugang sowohl entzieht als ihn auch antreibt, bietet zugleich ein emanzipatives Potential. Dafür hat Volkmar Sigusch zeitlebens gestritten.

Am 7. Februar 2023 ist er in Frankfurt am Main gestorben. Mit Volkmar Sigusch haben wir einen der gegenwärtig bedeutendsten Theoretiker des Sexuellen verloren.

Ilka Quindeau

Literatur

Irigaray, Luce 1979: Das Geschlecht, das nicht eins ist. Berlin: Merve.

Sigusch, Volkmar 2005a: Sexuelle Welten: Zwischenrufe eines Sexualforschers, Frankfurt am Main: Psychosozial-Verlag.

Sigusch, Volkmar 2005b: Neosexualitäten. Über den kulturellen Wandel von Liebe und Perversion. Frankfurt am Main: Campus.

Sigusch, Volkmar 2008: Geschichte der Sexualwissenschaft. Frankfurt am Main: Campus.

Sigusch, Volkmar 2009: Personenlexikon der Sexualforschung. Frankfurt am Main: Campus.

Sigusch, Volkmar 2013: Sexualitäten – Eine kritische Theorie in 99 Fragmenten. Frankfurt am Main: Campus.

In memoriam Jost Halfmann
(19. März 1947 – 25. Dezember 2022)

Am 25. Dezember 2022 verstarb Jost Halfmann in Dresden nach schwerer Krankheit. Wir verlieren mit ihm einen angesehenen Soziologen, inspirierenden Lehrer und verlässlichen Freund. Seine Kollegialität, intellektuelle Schärfe und nicht zuletzt sein Witz werden uns immer in Erinnerung bleiben.

Halfmann verfolgte zeit seines Lebens das Projekt einer gesellschaftstheoretisch ausgerichteten Wissenschafts- und Techniksoziologie. Dabei war seine Arbeit stets von einer charakteristischen Denkbewegung gekennzeichnet, die auch fachgeschichtlich bedeutsam ist: In einer Atmosphäre der paradigmatischen Erschöpfung des Marxismus bei gleichzeitig aufkommenden theoretischen Innovationen wie der Systemtheorie ist sie ein Versuch, festen gesellschaftstheoretischen Boden unter die Füße zu bekommen, während dieser Boden gerade ausgetauscht wird.

Geboren 1947 in Krefeld, wo er auch zur Schule ging und eine kaufmännische Lehre in einem Edelstahlwerk absolvierte, stand für ihn der Wunsch, Soziologie zu studieren, bereits früh fest. Auf die Frage, wie er zur Soziologie gekommen sei, berichtete er einmal von einem soziologiebegeisterten Lehrer, der – ungewöhnlich genug – mit interessierten Schülern Texte von Max Weber las. Von 1968 bis 1973 studierte Halfmann Soziologie und Philosophie in Frankfurt am Main, wo er unter anderem bei Theodor W. Adorno, Jürgen Habermas und Alfred Schmidt hörte. Er kam dadurch nicht nur mit Marx und der Kritischen Theorie, sondern auch mit der US-amerikanischen Soziologie, mit Sozialpsychologie und Sozialforschung in Berührung. 1977 wurde er mit seiner Dissertation »Paradigmenwechsel in der Theorie der Wissenschaft« bei Jürgen Ritsert promoviert, die er 1980 in umgearbeiteter Fassung unter dem Titel »Innenansichten der Wissenschaft« veröffentlicht hat. Das Thema der Wissenschaft im Spannungsfeld konfligierender Selbstverständnisse und gesellschaftlicher Nutzenerwartungen, wie er es in dieser Arbeit zum ersten Mal umriss, griff er immer wieder auf; dies dokumentiert noch der 2007 gemeinsam mit Johannes Rohbeck herausgegebene Sammelband »Zwei Kulturen der Wissenschaft – revisited«. In die Zeit seiner Dissertation fällt auch Halfmanns Auseinandersetzung mit Alfred Sohn-Rethel, dessen Arbeiten zur Trennung von Hand- und Kopfarbeit, zu Warenform und Denkform damals eine der letzten paradigmatischen Neuerungen innerhalb des Marxismus darstellten. Bereits in der 1976 gemeinsam mit Tillman Rexroth verfassten kritischen Studie »Marxismus als Erkenntniskritik« ist

das oben angesprochene Spannungsverhältnis zu spüren, von dem Halfmanns Werk geprägt ist: der Marxsche Theorieansatz überzeugte ihn nicht
mehr vollends, während sich die reflexiven Möglichkeiten der Systemtheorie
– auch mit Blick auf den Status wissenschaftlichen Wissens – erst abzuzeich-
nen begannen.

Rückblickend wurde der Wechsel zur Systemtheorie von anderen häufig
als Bruch empfunden. Seinen Schriften nach zu urteilen gab es einen solchen
Bruch nicht, sondern eine kontinuierliche Auseinandersetzung und Aneig-
nung, die den Publikationen vor allem Luhmanns aufmerksam folgte. Den
gesellschaftstheoretischen Bezugsrahmen seines Denkens begriff Halfmann
als eine offene Frage, deren Klärung einer eigenständigen Anstrengung be-
durfte. Von dieser zeugen nicht nur seine Schriften, sondern auch die Semi-
nare, die er in den 1980er Jahren als Professor für Soziologie an der Universität Osnabrück beispielsweise unter Titeln wie »Was kann der Marxismus
von der Systemtheorie lernen?« abhielt. In einem Aufsatzmanuskript aus den
1990er Jahren, das er nie veröffentlichte, das jedoch unter Studierenden zir-
kulierte, findet sich diese Frage in konzentrierter Form erörtert.

Ende der 1970er und Anfang der 1980er Jahre führten ihn längere For-
schungsaufenthalte in die USA an die Cornell University, an das MIT und
nach Harvard. Dort wertete er in Archivstudien Berichte, Memos und Sta-
tistiken aus, welche die Entwicklungsgeschichte der Mikroelektronik als Fall
gesellschaftlicher Produktion technischen Fortschritts dokumentieren. Zwar
sagte er rückblickend, dass er mit dieser Arbeit auf dem Feld des Historikers
dilettierte; jedoch ging es ihm nicht so sehr um Geschichte als um Anknüpfungspunkte für die Frage, wie die Verhältnisse von wissenschaftlicher
Autonomie und Heteronomie gesellschaftstheoretisch gedacht werden können. Am Beispiel der Erfindung des Transistors zeigte er, dass die wissenschaftlichen Innovationen der Quantenmechanik ihren Weg in gesellschaftliche Verwertungszusammenhänge (Technik) keineswegs von selbst gefunden haben. Vielmehr müsse ein hohes Maß an (kognitiver) Autonomie (und
damit auf sozialer Ebene ein hohes Maß der Fähigkeit zur Selbststeuerung)
der Wissenschaft in Rechnung gestellt werden, um die Vergesellschaftung
wissenschaftlicher Innovationen über die Implementation von Technik als
hoch voraussetzungsreich und unwahrscheinlich beschreiben zu können
(»Die Entstehung der Mikroelektronik«, 1984). Neben seinem besonderen
Interesse an Wissenschafts- und Technikforschung widmete sich Halfmann
(nicht zuletzt im Kontext der Spätkapitalismusdiskussionen) zunehmend
auch der Frage, welche Rolle der Staat für die organisierte Forschung und

industrielle Entwicklung spiele. In seiner Zeit an der Universität Osnabrück, an der er bis 1993 blieb, kamen als weitere Arbeitsfelder die politische Soziologie nationaler Wohlfahrtsstaaten, der sozialen Bewegungen und der Migration hinzu. Seine vergleichenden Untersuchungen über industrielle Modernisierung und die unterschiedlichen Reaktionen neuer sozialer Bewegungen führten ihn immer wieder zu längeren Forschungsaufenthalten an die *University of California* in Berkeley.

Zum 1. November 1993 trat Halfmann die Professur für Techniksoziologie am Institut für Soziologie der TU Dresden an. Mit der Übernahme der Professur wandte er sich vor dem Hintergrund seiner von Anfang an verfolgten Frage nach der sozialen Genese moderner Technologien stärker der Ausarbeitung einer soziologischen Theorie der Technik zu. Sein Neuansatz auf der Basis von Luhmanns Systemtheorie diente dem Ziel, die Techniksoziologie an die Gesellschaftstheorie anschlussfähig zu machen (»Die gesellschaftliche ›Natur‹ der Technik«, 1996). Rückblickend zeichnen sich Halfmanns Arbeiten neben jenen von Karin Knorr Cetina, Bruno Latour und Werner Rammert als eigenständiger Zugang einer systemtheoretischen Wissenschafts- und Technikforschung aus. Parallel zu diesem wegweisenden gesellschaftstheoretischen Projekt, Technik als »funktionierende Simplifikation im Medium der Kausalität« zu verstehen, konzipierte er ein Zentrum für interdisziplinäre Technikforschung, das um die Jahrtausendwende an der TU Dresden gegründet wurde und bis heute besteht. Aus seinen Studien und Expertisen im Spannungsfeld zwischen Politik und Wissenschaft ging unter anderem ein zusammen mit Falk Schützenmeister konzipiertes Forschungsprojekt zur Entstehung der Atmosphärenwissenschaft hervor, das 2010 seinen Abschluss fand (»Wissenschaftsdynamik«, 2009; »Organisationen der Forschung«, 2009).

Ein zweiter Schwerpunkt der Dresdner Jahre war die politische Soziologie. Halfmann führte einerseits seine Forschungen zu sozialen Bewegungen in den USA und Deutschland fort, nun zunehmend unter dem gemeinsam mit Klaus-Peter Japp in langjähriger Zusammenarbeit entwickelten Begriff der sozialen Bewegungen als »Risikobeobachter« der modernen Gesellschaft. Andererseits galt sein Interesse dem modernen Staat in der Weltgesellschaft, womit er seine früheren Forschungen zum Wohlfahrtsstaat in einen erweiterten Kontext stellte. In mehreren Anläufen entwickelte er die Problemkomplexe von Nationalstaat und Staatsbürgerschaft, Wohlfahrtsstaat und Inklusionsvermittlung, kollektiver Identität und Migration exemplarisch am Fall der Evolution des deutschen Nationalstaates. In diesem Zusammenhang entstand eine Reihe von migrationssoziologischen Arbeiten, für die er mit Michael Bommes als Koautor und Mitherausgeber kooperierte (»Migration in nationalen Wohlfahrtsstaaten«, 1998). Diese Schwerpunkte fanden auch Eingang in seine 1996 veröffentlichte Monographie »Makrosoziologie moderner Gesellschaften«.

Jost Halfmann stellte bei aller persönlichen Zurückhaltung stets höchste Ansprüche an seine wissenschaftliche Arbeit. Immer auf Augenhöhe mit der Forschung hielten die breit gefächerten Themen seiner Lehrveranstaltungen eher Distanz zum jeweiligen Zeitgeist. Kurzfristigen Zeitdiagnosen erteilte er eine Absage, Moralisierung und Ideologisierung begegnete er mit nüchterner Sachlichkeit. Das Lektürepensum in seinen Lehrveranstaltungen war beachtlich. Zugeloste Referate in jeder Sitzung machten eine bloß konsumierende Haltung unmöglich. Gleichwohl zog Halfmanns intellektuelle Präzision, verbunden mit seinem hintergründigen und ironischen Stil immer wieder einen bestimmten, theorie- und technikaffinen Typus von Studierenden an, von denen er vor allem als unorthodoxer, empirisch argumentierender Systemtheoretiker erlebt wurde. Seine Mitarbeiter und Doktoranden genossen einen Freiraum, der in seiner Großzügigkeit heute selten geworden ist. Sein helles Dresdner Büro mit Hängeregistratur (in der er tausende Aufsatzkopien aufbewahrte), sorgfältig aufgestapelten Mappen, Notizen und Kopien, einem Regal mit Doubletten soziologischer Bücher, die er an interessierte Mitarbeiter und Studierende zu verschenken pflegte, überzeugte vom Nutzen eines guten Ablagesystems. In dem ansonsten schmucklosen Büro standen auch eine elektronische Schreibmaschine von IBM (ein schweres grünes Monstrum aus den 1970er Jahren) und eine Kaffeemaschine, die er nie benutzte – so als sollten diese Museumsdinge unprätentiös anzeigen, dass hier über Technik nachgedacht wird. Zu unserer Überraschung erzählte Halfmann einmal, er wäre eigentlich gerne Komiker geworden, dessen Witze das Publikum allerdings erst auf dem Heimweg zum Lachen bringen sollten. Wenn es etwas gab, das sich seiner Ironisierung entzog, war es die Soziologie als Wissenschaft. Wirklich ernst war es ihm mit dem gesellschaftstheoretischen Programm seiner Techniksoziologie, die er als seinen bedeutendsten Beitrag zur Soziologie beurteilte. Ihre tragende, die gesellschaftliche Ambivalenz der Technik zum Ausdruck bringende Unterscheidung von Installation und Medium erlaubt es zu beschreiben, wie Technik für den Beobachter im Falle des (gesellschaftlich idealisierten) Funktionierens unsichtbar bleibt oder im Falle ihres (soziologisch als Risiko zu reflektierenden) Nicht-Funktionierens thematisch wird. Nach seiner Emeritierung 2015 hat uns Jost Halfmann seine Kaffeemaschine überlassen. Wie ein spätes Echo von Sohn-Rethels »Ideal des Kaputten«, das für das Oszillieren zwischen Installation und Medium, das heißt für die ständige Reparaturbedürftigkeit als den Eigensinn des Funktionierens neapolitanischer Alltagstechnik steht, läuft sie nun fast jeden Tag.

Stephan Hein, Andreas Höntsch

Habilitationen

Dr. Leon Wansleben hat sich am 1. Juni 2022 an der Universität Duisburg-Essen habilitiert. Die Habilitationsschrift trägt den Titel »Governing Financial Capitalism. The Rise of Central Banks and the Breeding of Instability«. Die venia legendi lautet Soziologie.

Dr. Peter Fischer hat sich am 23. November 2022 an Technischen Universität Dresden habilitiert. Die Habilitationsschrift trägt den Titel »Kosmos und Gesellschaft. Wissenssoziologische Studien zur frühen Moderne«. Die venia legendi lautet Soziologie.

Trilaterale Forschungskonferenzen »Villa Vigoni« 2024–2026

Die Geistes- und Sozialwissenschaften sind kultur- und sprachgebunden. Sprache und Kultur sind ihr Gegenstand und ihr Medium. Um den Austausch und die Netzwerkbildung zwischen Geistes- und Sozialwissenschaftlerinnen und -wissenschaftlern tätig in Deutschland, Frankreich und Italien nachhaltig zu fördern und dabei den Gebrauch von Deutsch, Französisch und Italienisch als Wissenschaftssprachen ausdrücklich zu unterstützen, haben die Deutsche Forschungsgemeinschaft (DFG), die Fondation Maison des Sciences de l'Homme (FMSH) und die Villa Vigoni das Programm »Trilaterale Forschungskonferenzen« entwickelt, in dem Mehrsprachigkeit ein tragendes Prinzip ist. Anträge auf Förderung in diesem Programm sind aus allen Fächern der Geistes- und Sozialwissenschaften willkommen. Entschieden werden sie auf der Grundlage eines kompetitiven Begutachtungsverfahrens.

Format

Jede Trilaterale Forschungskonferenz besteht aus einer Serie von drei Veranstaltungen, die im Jahresrhythmus aufeinanderfolgen. Alle drei Treffen finden in der Villa Vigoni statt. Die Teilnehmenden einer Forschungskonferenz bestehen aus einer Gruppe von mindestens zwölf, höchstens 16 Wissenschaftlerinnen und Wissenschaftlern, nach Möglichkeit ausgewogen zusammengesetzt aus den drei beteiligten Ländern. Die Teilnehmenden des jeweiligen Landes sollen an unterschiedlichen Einrichtungen arbeiten. Diese Gruppe bleibt während aller Treffen gleich.

Antragstellung und Koordination einer Trilateralen Forschungskonferenz übernehmen je eine Wissenschaftlerin oder ein Wissenschaftler aus Deutschland, Frankreich und Italien. Die Antragstellenden müssen für die gesamte Dauer der Trilateralen Forschungskonferenzen eine institutionelle Anbindung an eine Forschungs- oder Hochschuleinrichtung ihres Landes nachweisen.

Frühe Karrierephase

Ausdrücklich erwünscht ist die Beteiligung von Wissenschaftlerinnen und Wissenschaftlern in einer frühen Karrierephase. Um ihnen die Antragstellung zu erleichtern, haben Postdocs (bis sechs Jahre nach der Promotion) die Möglichkeit, das Förderangebot wahlweise auch in verkleinerter Form in

Anspruch zu nehmen. Diese Möglichkeit kann nur gewählt werden, wenn sich vom antragstellenden Trio mindestens zwei Antragstellende sowie mindestens die Hälfte der Teilnehmenden in der definierten Postdoc-Phase befinden. Dann gelten folgende Bedingungen: zweijährige Förderung mit insgesamt zwei (statt drei) Treffen und mit einer Gruppe von mindestens neun, höchstens zwölf Teilnehmenden, wobei alle drei Länder mit mindestens zwei (bei mehr als neun Teilnehmenden mindestens drei) Personen vertreten sein müssen.

Außerdem wird bei dieser Variante eine institutionelle Anbindung der Antragstellenden nur noch für mindestens ein Jahr ab Bewilligung vorausgesetzt. Sie muss für das zweite Förderjahr im Laufe des ersten erneut nachgewiesen werden, oder die Projektleitung muss auf ein anderes Mitglied der Gruppe übertragen werden, das sich seinerseits noch in der definierten Postdoc-Phase befindet und bei dem die geforderte institutionelle Anbindung auch für das zweite Förderjahr gegeben ist. Die Zweijahres-Variante für Postdoc-Forschende gilt seit 2021 für zunächst drei Ausschreibungen.

Gäste

An den Arbeitstreffen können in begrenztem Umfang Gäste beteiligt werden (maximal zwei pro Treffen). Diese müssen nicht zwingend aus Deutschland, Frankreich oder Italien stammen. Die Förderung durch die drei Partner erstreckt sich nicht auf die Gäste. Die DFG ermöglicht jedoch deutschen Bewilligungsempfängern, Mittel für Gäste aus Viertländern zu verwenden, wenn deren Teilnahme sich aus der Sache begründet. Dies führt jedoch nicht zu einer Erhöhung der Gesamtbewilligung.

Sprachen

Arbeitssprachen einer Trilateralen Forschungskonferenz sind Deutsch, Französisch und Italienisch. Der konkrete Gebrauch der drei Sprachen bei der Durchführung der Arbeitstreffen muss im Antrag erläutert werden.

Verfahren

Bewilligt wird eine Trilaterale Forschungskonferenz auf der Grundlage eines Antrages, der die Thematik, die Zielsetzung, die Methodik, das beabsichtigte Arbeitsprogramm und die vorgesehenen Teilnehmerinnen und Teilnehmer erläutert.

Anträge, die formal richtig und vollständig sind, werden einem mehrstufigen Auswahlverfahren unterzogen. Dieses beinhaltet die Begutachtung durch eine Fachgutachterin oder einen Fachgutachter sowie die Diskussion im Lenkungskreis des Trilateralen Programms, dem Vertreterinnen und Vertreter der Trägerorganisationen des Programms sowie wissenschaftliche Mitglieder, die von diesen benannt werden, angehören.

Anträge können einsprachig eingereicht werden; mindestens jedoch die Zusammenfassung des wissenschaftlichen Vorhabens muss in allen drei Sprachen (Deutsch, Französisch, Italienisch) vorliegen.

Für den Antrag ist das Antragsformular zu benutzen, das Sie ebenso wie den vollständigen Ausschreibungstext auf der Homepage der DFG finden: www.dfg.de/villa_vigoni. Die Frist für die Einreichung von Anträgen für eine Trilaterale Forschungskonferenz ist der **30. April 2023**. Adressat ist die Villa Vigoni, die eine Kopie an die DFG und FMSH weiterleitet. Bitte senden Sie den Antrag in digitaler Form an:

segreteria@villavigoni.eu

Dissertationspreis der Sektion Stadt- und Regionalsoziologie

Die Sektion Stadt- und Regionalsoziologie vergibt 2023 für herausragende Dissertationen den »Dissertationspreis der Sektion Stadt- und Regionalsoziologie innerhalb der DGS«. Mit dem Preis wird eine empirisch, methodisch und/oder theoretisch herausragende Dissertation ausgezeichnet, die sich grundlegend mit Fragen der Stadt- und Regionalsoziologie auseinandersetzt. Der Preis wird alle zwei Jahre auf der Herbsttagung der Sektion verliehen, das nächste Mal im Herbst 2023.

Die Arbeiten können von den Verfasserinnen und Verfassern oder von den betreuenden Hochschullehrerinnen und Hochschullehrern (auf deutsch oder englisch) eingereicht werden. Teilnahmeberechtigt sind Arbeiten, die innerhalb der letzten zwei Jahre an einer deutschen oder ausländischen Hochschule als Dissertation angenommen oder in dem Zeitraum publiziert wurden.

Über die Preisvergabe entscheidet eine vierköpfige, fachlich qualifizierte Jury. Das Preisgeld beträgt 1.000 €. Die Jury behält sich vor, die Preissumme auf mehrere Arbeiten zu verteilen. Der Rechtsweg ist ausgeschlossen.

Einzureichen sind ein Exemplar der Arbeit und eine Kurzfassung (1 DIN A4-Seite) jeweils in gedruckter und digitaler Form (komprimierte pdf) bis **30. April 2023** an

Prof. Dr. Anna Steigemann
Department for Interdisciplinary Multi-Scalar Area Studies (DIMAS)
Universitätsstraße 31
93053 Regensburg
Tel. +49 (0)941 943-5964
E-Mail: anna.steigemann@ur.de

Hartmut-Häußermann-Preis »Soziale Stadt« 2023

Im November 2023 verleiht das Georg-Simmel-Zentrum für Metropolenforschung an der Humboldt-Universität zu Berlin erneut den Hartmut-Häußermann-Preis »Soziale Stadt«.

Die Ausschreibung richtet sich fächerübergreifend an Verfasser:innen von Monographien (zum Beispiel Dissertationen oder Habilitationen), die sich Fragen sozialer und kultureller Inklusion und Exklusion in Städten und den daraus erwachsenen Herausforderungen stadtpolitischer Gestaltung widmen. Angesichts einer zunehmenden Spaltung auf den Arbeitsmärkten, einer steigenden Zuwanderung aus dem In- und Ausland und der Finanzialisierung von Grund und Boden sind Städte ein zentraler Austragungsort sozialräumlicher Polarisierung.

Einreichbar sind Monographien, die
– nach dem 15. Januar 2021 auf Deutsch oder Englisch publiziert wurden
– sich inhaltlich auf europäische Städte konzentrieren
– von promovierten Personen verfasst sind, die ihren Wohnsitz in Deutschland haben und/oder an einer deutschen Forschungseinrichtung promoviert beziehungsweise habilitiert wurden.

Einzureichen sind zwei Druckexemplare sowie eine PDF-Version der Monographie. Die Bewerbungsfrist endet am **10. Mai 2023**.

Der Preis ist mit 3.000 € dotiert und wird am 10. November 2023 im Rahmen eines Festakts an der Humboldt-Universität zu Berlin vergeben. Über die Preisvergabe entscheidet eine Fachjury. Die Zusammensetzung der Fachjury und weitere Informationen zur Ausschreibung können auf der Homepage des Georg-Simmel-Zentrums für Metropolenforschung eingesehen werden: www.gsz.hu-berlin.de

Weiterführende Fragen richten Sie bitte an gsz-bueroleitung@hu-berlin.de. Die Adresse für Ihre Bewerbung lautet:

Georg-Simmel-Zentrum für Metropolenforschung
Humboldt-Universität zu Berlin
Unter den Linden 6
10099 Berlin

Peter A. Berger Sektionspreis für herausragende Dissertationen

Die Sektion Soziale Ungleichheit und Sozialstrukturanalyse vergibt alle zwei Jahre den Peter A. Berger Sektionspreis für herausragende Dissertationen. Der Preis soll die besondere Bedeutung des wissenschaftlichen Nachwuchses für die Erforschung sozialer Ungleichheit und Sozialstrukturanalyse zum Ausdruck bringen.

Als langjähriger Sprecher der Sektion hat Peter A. Berger den breiten wissenschaftlichen Austausch über Schulen und Paradigmen der Sozialstruktur- und Ungleichheitsforschung hinweg gefördert und nicht zuletzt dem wissenschaftlichen Nachwuchs ein Forum für die Präsentation und Diskussion von laufenden und abgeschlossenen Promotionsprojekten geboten.

Der Preis wird in zweijährigem Turnus ausgeschrieben und ist mit 500 € dotiert. Ausgewählt wird der/die Preisträger/in aus hervorragenden Dissertationen, die einen innovativen Beitrag zur Theorie oder Empirie der sozialen Ungleichheit beziehungsweise Sozialstrukturanalyse leisten.

Vorschlagsberechtigt sind alle promovierten Sektionsmitglieder, Selbstvorschläge sind ebenfalls möglich. Die Dissertationen (kumulative Dissertationen oder Monographien) können in deutscher oder englischer Sprache verfasst sein und müssen an einer Hochschule in Deutschland eingereicht worden sein. Für die diesjährige Auswahl können alle Arbeiten berücksichtigt werden, die zwischen 1. August 2021 und 31. Juli 2023 abgeschlossen wurden. Es zählt das Datum auf der Promotionsurkunde.

Den eingereichten Dissertationen sind die Gutachten, eine bis zu 10-seitige Zusammenfassung sowie eine 1-2-seitige Begründung des Beitrags der Dissertation zur Sozialstruktur- und Ungleichheitsforschung hinzuzufügen.

Über die Preisvergabe entscheidet eine Jury aus zwei Mitgliedern des Vorstands der Sektion sowie mindestens einem externen Mitglied der Sektion. Die Überreichung des Preises findet im Rahmen der Sektionstagungen statt und wird von einer kurzen Präsentation der prämierten Arbeit durch den/die Preisträger/in begleitet. Der diesjährige Preis soll im Rahmen der Frühjahrstagung der Sektion 2024 verliehen werden. Wir freuen uns auf Ihre Einreichungen bis **31. Oktober 2023** an:

Prof. Dr. Johannes Giesecke
E-Mail: johannes.giesecke@hu-berlin.de

Prof. Dr. Dirk Konietzka
E-Mail: d.konietzka@tu-braunschweig.de

Call for Papers

Diversifizierung – Dezentrierung – Dekolonisierung. Zur (Un-)Sichtbarmachung der Soziologiegeschichte

Tagung der Sektion Soziologiegeschichte am 9. und 10. November 2023 an der Goethe-Universität Frankfurt am Main

You'll find an English-language version of the call as well as the details of the cited literature on the Section's website: https://soziologiegeschichte.wordpress.com/.

Die Soziologie ist im Zuge von Debatten um die Diversifizierung, Dezentrierung und Dekolonisierung ihrer Wissensbestände, Methoden und institutionellen Strukturen in Zugzwang geraten. Die Soziologie*geschichte* nimmt hier eine Schlüsselposition ein, da sie als kulturelles Gedächtnis der Disziplin identitätsstiftend und zugleich exkludierend wirkt – in der Regel durch die Kanonisierung von Autor*innen und Werken. Ein Gang durch die Ahnengalerie der Soziologie verdeutlicht deren privilegierte Positionierung anhand kultureller, ethnischer, geopolitischer, sprach-, klassen- und geschlechtsspezifischer Kriterien. Mit der Heroisierung einiger weniger Denker*innen geht auch die Generalisierung von beschränkten Erfahrungshorizonten mitsamt der von ihnen abgeleiteten theoretischen und methodologischen Annahmen einher: Aus einer relativ homogenen Gruppe aus einem relativ überschaubaren Teil der Welt wird implizit oder explizit die Deutungshoheit über die Welt und die dort beheimateten Menschen und nicht-menschlichen Lebewesen beansprucht.

Mit Teresa Koloma Beck (2018: 90) gesprochen, hängen nicht weniger als die Relevanz und Zukunftsfähigkeit der Soziologie von der Aufarbeitung der Fachgeschichte und den daraus zu ziehenden Konsequenzen ab: »Die diversitätssensible Transformation der Disziplin ist eine wissenschaftliche Aufgabe. Sie verlangt eine gründliche Selbstaufklärung der Soziologie über ihr koloniales und imperiales Erbe, verlangt zudem aber auch theoretische und methodologische Kreativität, die unabdingbar ist, soll dieses Erbe der Soziologie in konstruktiver Weise überwunden werden.«

Dieser wissenschaftlichen Aufgabe widmet sich die kommende Sektionstagung und knüpft dabei an die vergangene Tagung an: »Aus der Gegenwart des Faches blicken wir auf eine Geschichte des Vergessens zurück«, hieß es in dem letzten Call for Papers der Sektion Soziologiegeschichte, der kritische Beiträge zur historischen Ausradierung von Frauen in der Soziologie adressierte. Diese Amnesie lässt sich in erweiterter Form auch auf den Umgang mit Beiträgen, Konzepten, Theorien und Begrifflichkeiten aus dem Erfahrungshorizont jenseits des globalen Nordens und jenseits der Zentren konstatieren. Daher zielt die Tagung darauf ab, eine historische Perspektive auf die Soziologie ausgehend von ihrer »Schweigsamkeit« (Trouillot 1995) sowie den von ihr produzierten »Abwesenheiten« (de Sousa Santos 2002) und »Peripherien« (Bueno et al. 2023) einzunehmen. Die Tagung richtet sich somit an Beitragende, die angesichts dieser inner- und interdisziplinären Machtgefüge in ihrer soziologiegeschichtlichen Arbeit »diverse soziologische Traditionen« (Patel 2009) ausgraben und die »coloniality of memory« (Boatcă 2021) herausfordern.

Das Erinnern und Vergessen soziologischer Beiträge lässt sich zunächst auf einer personalen Ebene feststellen: Dies zeigen vermehrt Studien, die lange Zeit verschwiegene Autor*innen des globalen Südens, der europäischen Peripherie oder rassifizierte und migrantisierte Autor*innen im globalen Norden mobilisieren: Ibn Khaldun, W.E.B. du Bois, Frantz Fanon, Gayatri Spivak, Homi Bhabha, Dipesh Chakrabarty, Stuart Hall, Paul Gilroy und weitere haben in Unterdisziplinen fast schon kanonischen Status erlangt (Morris 2015; Bhambra, Holmwood 2022) und wurden ihrerseits teils in zwei Wellen postkolonialen Denkens eingeordnet (Go 2016). Damit stellt sich zugleich die Frage, welche erneuten Ausschlüsse mit einer Erweiterung des Kanons reproduziert werden – und welche konkreten inhaltlichen und strukturellen Schlüsse die Soziologie daraus zieht.

Als zweite Ebene eines solchen reflexiven soziologiegeschichtlichen Programms jenseits vergessener einzelner Autor*innen kann man die Ebene kollektiver Wissenschaftspraxen und Austauschbeziehungen ausmachen: Das Atlanta Sociological Laboratory, die Subaltern Studies Group, die New World Group, das Combahee River Collective, die Bielefelder feministische Entwicklungssoziologie, die South African Labor Studies, das Centre for Contemporary Cultural Studies und viele weitere institutionalisierte oder nicht-institutionalisierte Gruppierungen beziehungsweise lose strukturierte Netzwerke bieten Anknüpfungspunkte für eine kritische Aufarbeitung – auch in ihren gegenseitigen Bezugnahmen und Abgrenzungen (unter anderem Keim 2015; Ransby 2018; Wright 2017). Darüber hinaus adressiert die Tagung die für eine globale Soziologiegeschichte relevanten Austauschbeziehungen zwischen einzelnen Akteur*innen und/oder Gruppen: Studien über die Verbindungen etwa zwischen Max Weber und W.E.B. Du Bois (McAuley 2019) oder der frühen französischen und brasilianischen Soziologien (Merkel 2022) stellen ebenso wie das transkontinentale, transtemporale In-Beziehung-Setzen Schwarzer Soziolog*innen (Kelly 2016) jüngere Beispiele einer auf Interdependenz ausgerichteten Soziologiegeschichtsschreibung dar.

Auf einer dritten, methodologischen Ebene werfen die globalen, transregionalen und transnationalen Konstellationen eine Reihe von Herausforderungen und Fragen auf. An die Stelle nationaler Soziologiegeschichten rücken verstärkt verflechtungssoziologische Ansätze, die die kritische Aufarbeitung der Fachgeschichtsschreibung mit der globalen Einbettung soziologischer Schlüsselbegriffe verbinden (Randeria 1999; Bhambra 2014). Daran anschließend und darüber hinaus ist es für die kritische Beschäftigung mit der Fachgeschichte relevant, sich auf ihre Konzepte zu verständigen: Erfolgt die Analyse der skizzierten Vergesslichkeit und Hierarchisierung beispielsweise in Nord-Süd- oder Zentrum-Peripherie-Modellen? Mit welchen Zugängen können wir Verdrängungsmechanismen ebenso wie das teilweise und/oder verspätete Erinnern begrifflich treffend fassen: Handelt es sich um Rezeptions-, Transfer-, Interaktions- oder Zirkulationsprozesse? Wie kann man das Soziale jenseits des modernen, handelnden, souveränen Subjekts erfassen (Dries, Morikawa 2019)? Mit welchem konzeptionellen Vokabular wie etwa Abhängigkeit, Autonomie und Extraktivismus kann die Geopolitik der Soziologiegeschichte beschrieben werden? Auch diesen und verwandten Fragen möchten wir, inspiriert durch bestehende Arbeiten zum Thema, Raum geben (unter anderem Alatas 2022; Beigel 2016; Costa 2014; Dufoix 2022; Keim et al. 2016; Ruvituso 2020).

Über die hier skizzierten und viele weitere, damit zusammenhängende Diskussionsstränge möchten wir uns im Format der Sektionstagung auseinandersetzen. Sie richtet sich insbesondere an Wissenschaftler*innen in der Frühphase ihrer Karriere (Doc und Postdoc) und dient der Vernetzung durch die Vorstellung und Diskussion von (Zwischen-)Ergebnissen, Befunden und Vorschlägen theoretischer, empirischer und methodischer Art.

Vorträge können auf Deutsch oder Englisch gehalten werden; es werden jedoch Grundkenntnisse der jeweils anderen Sprache für die aktive Teilnahme am gesamten Programm erwartet.

Wir freuen uns auf aussagekräftige Beitragsvorschläge (ca. 350 Wörter) und eine kurze biographische Angabe in einer der beiden Sprachen bis zum **30. April 2023**. Bitte richten Sie Ihre Einreichung an alle drei Organisator*innen:

Takemitsu Morikawa
E-Mail: morikawa@flet.keio.ac.jp

Fabio Santos
E-Mail: fabio.santos@fu-berlin.de

Doris Schweitzer
E-Mail: do.schweitzer@soz.uni-frankfurt.de

Bilanz und Perspektiven kultur- und sozialwissenschaftlicher Gedächtnisforschung

Konferenz an der TU Berlin vom 27. bis 29. September 2023

Den *Memory Studies* und ihrem wissenssoziologischen Ableger, der *Gedächtnissoziologie*, ist in den letzten Jahrzehnten nicht nur in den Sozial- und Kulturwissenschaften, sondern auch darüber hinaus deutlich Aufmerksamkeit zuteil geworden. Dabei haben sich vielfältige Ansätze, Perspektiven, empirische Gegenstände und Methoden ausdifferenziert, die die sozial- und kulturwissenschaftliche Auseinandersetzung mit dem Gedächtnis im Sinne einer Organisation von Vergangenheitsbezügen als ein multiparadigmatisches, von unterschiedlichen Erkenntnisinteressen, Grundbegriffen und Konzepten geleitetes Unterfangen erscheinen lassen. Der Kongress »Bilanzen und Perspektiven der kultur- und sozialwissenschaftlichen Gedächtnisforschung« möchte vor diesem Hintergrund den Stand des bisher Erreichten Revue passieren lassen, zentrale theoretische Ansätze und methodische Zugänge diskutieren und Perspektiven für die Weiterentwicklung der dabei verhandelten Theorien und Methoden diskutieren.

Die einzelnen Beiträge sollten sowohl kritische Rückschau halten als auch Perspektiven für die Zukunft der *Memory Studies* im Allgemeinen oder der *Gedächtnissoziologie* im Besonderen identifizieren. Wir laden zu theoretisch und/oder empirisch orientierten Beiträgen entlang der folgenden zentralen Diskussionslinien ein:

1) Theoretische Traditions- und Entwicklungslinien

Im Anschluss an den Halbwachsschen Ansatz der kollektiven Gedächtnisse und an phänomenologische oder pragmatistische Überlegungen hat sich eine breite Rezeption und Ausdifferenzierung des Gedächtnisbegriffes entwickelt, sei es die kulturwissenschaftliche Gedächtnisforschung Assmannscher Prägung, die Systemtheorie oder der gedächtnissoziologische Ansatz. Diese und weitere Zugänge zur Reflexion sozialer Vergangenheitsbezüge beinhalten indes bislang vernachlässigte Anschlussmöglichkeiten. Zu denken ist dabei etwa an die Theorie sozialer Zeit, an die Verbindung des Gedächtnisbegriffes mit Konzepten sozialer Ungleichheit, wie das Halbwachs in seinem Klassenbegriff begonnen hat, oder an die Anwendung der Begrifflichkeit in komplexen Phänomenzusammenhängen wie der Migration, der Gewalt und des Krieges, der Katastrophe oder der Globalisierung. Beiträge zur Fortschreibung theoretischer Traditions- und Entwicklungslinien sollten die explizit verwendeten Konzepte und Begriffe und/oder implizit vorausgesetzten konzeptionellen Zusammenhänge reflektieren und im Hinblick auf mögliche Weiterentwicklungen diskutieren.

2) Method(olog)ische Folgerungen

Sowohl in den *Memory Studies* als auch in der *Gedächtnissoziologie* beginnen sich spezifische methodische und methodologische Überlegungen auszubilden (vgl. Keightley, Pickering 2018; Dimbath et al. 2023). Dazu gehört, die den methodischen Zugängen innewohnenden Temporalitäten systematisch auf die zu erschließenden Vergangenheits- und Zukunftsbezüge gesellschaftlicher und sozialer Gedächtniszusammenhänge zu beziehen. Gerade die Verbindung von empirischer Forschung und theoretischer Arbeit eröffnet hier neue Möglichkeiten und Differenzierungen. Beiträge zu methodologischen Konsequenzen sollten die Passung von empirischem Gegenstand, gedächtnissoziologischer Fragestellung und Methodik sowie begrifflichen Vorentscheidungen reflektieren und ›gedächtnissensible‹ Methodologien der kultur-

und sozialwissenschaftlichen Gedächtnisforschung entwickeln, die der Temporalität der Methode und des Gegenstands gleichermaßen Rechnung tragen.

3) Gegenstandsfelder

Memory Studies, kulturwissenschaftliche und gedächtnissoziologische Ansätze haben eine Vielzahl von Forschungsfeldern und -gegenständen erschlossen. Hier könnte eine Bilanzierung zum einen den aktuellen Stand erfassen und die Erschließung neuer Felder und Gegenstände vorantreiben. Als Herausforderungen sind dabei die Veränderung von Gedächtnisformen durch Digitalisierung beziehungsweise Algorithmisierung, Globalisierung und Virtualisierung zu nennen. Ebenso geraten etwa beim Gedächtnis sozialer Bewegungen zunehmend künftige Risiken (zum Beispiel Klimawandel) in den Blick und bringen auf diese Weise neue Formen sozialer Gedächtnisse hervor. Entsprechende Beiträge können etwa die ›Erschließungsgeschichte‹ bestimmter Forschungsperspektiven und Gegenstände nachzeichnen und Ansätze oder Strategien zur Erschließung neuer Gegenstandsfelder entwickeln.

4) Interdisziplinarität

Eine Stärke gedächtnistheoretischer Ansätze ist die breite interdisziplinäre Streuung in den Geistes-, Kultur- und Sozialwissenschaften. Auffällig ist jedoch die wechselseitige Distanz zur Geschichtswissenschaft, obwohl die Nähe groß ist. Hier wären methodische, thematische und auch theoretische Konstrukte hinsichtlich ihrer wechselseitigen Anschlussfähigkeit zu reflektieren. Das gilt gleichermaßen für andere Forschungsgebiete wie die *Digital Humanities*, die Wissenschaftstheorie, die Philosophie oder die Rechtswissenschaft. Beiträge sollten etablierte interdisziplinäre Zusammenhänge der *Memory Studies* und der Gedächtnissoziologie kritisch reflektieren, nach den immanenten Grenzziehungen und Öffnungen fragen und Möglichkeiten gedächtnistheoretisch motivierter Inter- und Transdisziplinarität skizzieren.

Der Anlass der Konferenz ist die Fertigstellung des »Handbuchs zur sozialwissenschaftlichen Gedächtnisforschung«, an dem die Organisator*innen Mathias Berek, Kristina Chmelar, Oliver Dimbath, Hanna Haag, Michael Heinlein, Nina Leonhard, Valentin Rauer, Gerd Sebald zusammen mit vielen Autor*innen in den letzten Jahren gearbeitet haben.

Für Keynotes haben bisher zugesagt: Wulf Kansteiner (Aarhus), Susanne Buckley-Zistel (Marburg), Jeffrey K. Olick (Charlottesville/Virginia), Andrew Hoskins (Glasgow), Emily Keightley (Loughborough), Astrid Erll (Frankfurt am Main), Achim Landwehr (Düsseldorf).

Bitte senden Sie Abstracts (und Panelvorschläge) im Umfang von max. 400 Worten bis zum **15. Mai 2023** an:

Oliver Dimbath
E-Mail: dimbath@uni-koblenz.de

Nina Leonhard
E-Mail: nina.leonhard@berlin.de

Mathias Berek
E-Mail: berek@tu-berlin.de und

Gerd Sebald
E-Mail: gerd.sebald@fau.de

Globalisierte Kunstmärkte. Methodische und theoretische Herausforderungen interdisziplinärer Kunstmarktforschung

Jahrestagung des AK Soziologie der Künste in Kooperation mit dem AK Soziologie des Be/Wertens und dem ZADIK Zentralarchiv für deutsche und internationale Kunstmarktforschung am 28. und 29. September 2023 an der Kunstakademie Düsseldorf und der Universität zu Köln

Kunst ist in ihren Entwicklungen in ein weites Netzwerk gesellschaftlicher Kräfte, kultureller und sozialer Kontexte sowie historischer Prozesse eingebettet und durch diese geprägt. Die Tagung interessiert sich speziell dafür, wie Kunstmärkte angesichts von Globalisierung und postkolonialen Modernologien beschrieben und untersucht werden können. Soziologische Ansätze sollen hierzu mit kunstwissenschaftlichen Perspektiven in Dialog gebracht werden, um so globale wie lokale Kunstmärkte hinsichtlich historischer und aktueller Entwicklungen unter den genannten Vorzeichen zu diskutieren. Willkommen sind Beiträge, die sich in den folgenden Schwerpunkten bewegen:

Kunstvorstellungen und -begriffe in globalisierten Kunstmärkten:

Welche historischen und gegenwärtigen Transformationen von Kunstvorstellungen und -begriffen lassen sich empirisch nachzeichnen? Welche konzeptionellen Anregungen bieten hierfür kunstwissenschaftliche und soziologische Theoriebestände?

Effekte und historische Transformationen globalisierter Kunstmärkte:

Welche Entwicklungen lassen sich hinsichtlich der Produktion, Organisation, Vermittlung und Rezeption von Kunst im Zuge der Globalisierung von Kunstmärkten beobachten? Welche Zusammenhänge, Abhängigkeiten und Einflussnahmen zwischen den verschiedenen Akteursgruppen können analysiert werden? Lassen sich Verschiebungen von Machtverhältnissen identifizieren? Welche Erkenntnischancen bieten postkoloniale Perspektiven für die Analyse globalisierter Kunstmärkte?

Bewertung von Kunst in globalisierten Märkten:

Der Wert von Kunst gilt als schwierig zu bemessen. Gleichzeitig haben Kunstmärkte unterschiedliche Methoden der In-Wert-Setzung, Klassifikation und Bewertung ausgebildet. Neben dem auf dem Primär- (zum Beispiel Galerien) und Sekundärmarkt (zum Beispiel Auktionen) gebildeten Preis sind hier auch Auszeichnungen und Kunstpreise zu nennen. Bewertungsanalytisch von Interesse sind zudem Formen der Prüfung von Authentizität und der Umgang mit Fälschungen sowie Fragen der Provenienz.

Methoden zur Erforschung von globalisierten Kunstmärkten:

Für die empirische Erforschung globalisierter Kunstmärkte bieten Kunstwissenschaft, Soziologie, Kunstmarktforschung und Postcolonial Studies ein breites Repertoire an Methoden an. Die Tagung interessiert sich dezidiert für Beiträge, die den methodischen Möglichkeitsraum erweitern, konkrete methodische Herausforderungen diskutieren und Lösungsansätze präsentieren.

Die Kooperationstagung bietet zudem die Möglichkeit, Archivbestände des ZADIK in die eigene Forschung miteinzubeziehen. Das ZADIK widmet sich als Spezialarchiv der Archivierung, Aufbereitung, kritisch-reflektierenden Erforschung und Vermittlung der Historie, Strukturen, Kontexte und Entwicklungen internationaler Kunstsysteme. Heute umfasst das Zentralarchiv über 170 Bestände von Galerist:innen, Kunsthändler:innen, Auktionshäusern, Kunstkritiker:innen, Kurator:innen, Fachfotograf:innen und weiteren Akteur:innen des Kunstmarktes mit Fokus auf die Zeitspanne vom beginnenden 20. Jahrhundert bis in die Gegenwart. Das Archivgut des ZADIK mit den unterschiedlichen Quellenarten sowie die für die Forschung unter Berücksichtigung der gesetzlichen Rahmenbedingungen (Datenschutz und so weiter) bestehenden Zugangsmöglichkeiten wird Nadine Oberste-Hetbleck im Vorfeld im Rahmen einer Zoom-Konferenz vorstellen.

Beiträge können auf Deutsch oder auf Englisch eingereicht werden. Die Tagung soll voraussichtlich in Düsseldorf und Köln stattfinden. Um Einreichung eines Abstracts von 300 Wörtern wird bis zum **30. April 2023** gebeten. Eine Rückmeldung erfolgt bis Ende Mai. Im Anschluss der Tagung ist ein englischsprachiger Sammelband in der Reihe ›Kunst und Gesellschaft‹ bei Springer VS geplant.

Kontakt
Oliver Berli (Universität zu Köln)
E-Mail: oberli@uni-koeln.de

Nadine Oberste-Hetbleck (ZADIK | Universität zu Köln)
E-Mail: noberste@uni-koeln.de

Nina Tessa Zahner (Kunstakademie Düsseldorf)
E-Mail: nina.zahner@kunstakademie-duesseldorf.de

Topoi und Netzwerke der religiösen Rechten

Summer School vom 6. bis 8. September 2023 an der Eberhard Karls Universität Tübingen

In den vergangenen Jahren ist eine international agierende und vernetzte religiöse Rechte stärker in den Fokus des öffentlichen und wissenschaftlichen Interesses getreten. Hierbei ist gehäuft der Blick auf die USA oder Russland gelenkt worden, doch antiliberale und ethnozentristische Tendenzen lassen sich auch in christlichen Kontexten im deutschsprachigen Raum erkennen. Themen wie Abtreibungsrechte, Gender-Mainstreaming, Migration, der Umgang mit der Klimakrise und kulturelle Vielfalt werden überkonfessionell aus dezidiert christlichen Standpunkten heraus bekämpft. Insgesamt zeigen sich enge inhaltliche Verschränkungen und organisatorische Netzwerke in einem internationalen Zusammenhang einer religiösen Rechten. Die Summer School Topoi und Netzwerke der religiösen Rechten geht diesen inhaltlichen und internationalen Vernetzungen nach, konzentriert sich jedoch vorrangig auf die Bearbeitung von genderbezogenen Themenfeldern.

Neben den drei Hauptreferent:innen Prof. Dr. Anthea Butler (University of Pennsylvania), Dr. Regina Elsner (ZOIS Berlin) und Prof. Dr. Kristin Merle (Universität Hamburg) bietet die Summer School die Möglichkeit zur Präsentation und Diskussion von aktuell laufenden, projektierten oder abgeschlossenen Forschungsprojekten von Nachwuchswissenschaftler:innen der Fachbereiche ev./kath./islamische/jüdische Theologie, Religionswissenschaften, Genderstudies, Soziologie und Politikwissenschaften sowie angrenzender Fächer.

Wir bitten bis zum **31. Mai 2023** um Abstracts (max. 300 Wörter) für 30minütige deutsch- oder englischsprachige Beiträge, in denen

1) das Verhältnis zwischen christlicher Religion und demokratie- und pluralismusfeindlichen Tendenzen untersucht wird;
2) der internationalen (organisatorischen) Vernetzung der religiösen Rechten nachgegangen wird;
3) die fluide Distinktionslinie von christlich-konservativen Topoi und rechter-christlicher Demokratiefeindlichkeit analysiert wird;
4) theologische Argumentationsweisen der religiösen Rechten in den Blick genommen werden.

Wir bitten auch um kurze Angaben zu Kontext und Materialgrundlage des vorgeschlagenen Beitrags. Bei den Vorträgen soll es sich um empirisch fundierte und unveröffentlichte Beiträge handeln.

Mit der Teilnahme an der Summer School können folgende Kosten übernommen werden:

- An- und Abreise (Bahn, 2. Klasse)
- Unterkunft in Tübingen
- Verpflegung während der Summer School inkl. Dinner am 7. September.

Die Beiträge der Summer School sollen in einem Sammelband im Jahr 2024 veröffentlicht werden. Manuskripte erbitten wir bis zum 31. Dezember 2023.

Die Summer School wird gefördert vom Bundesministerium für Bildung und Forschung (BMBF) und dem Wissenschaftsministerium Baden-Württemberg im Rahmen der Exzellenzstrategie von Bund und Ländern.

Kontakt:
Dr. Hans-Ulrich Probst
E-Mail: hans-ulrich.probst@uni-tuebingen.de

Dr. Dominik Gautier
E-Mail: dominik.gautier@uni-oldenburg.de

Tagungen

Kritische Zeiten

Kongress der Österreichischen Gesellschaft für Soziologie, 3. bis 5. Juli 2023 auf dem Campus der Wirtschaftsuniversität Wien im Wiener Prater

Energiekrise, Ukraine-Krieg, globale Erwärmung und weltweite Seuchen – angesichts der Vielzahl gegenwärtiger Krisen, Konflikte und Katastrophen werden Stimmen laut, die von »Zeitenwende« oder einem epochalen Umbruch sprechen. Gemeint ist damit, dass aufgrund globaler Gefährdungslagen eingelebte Praktiken, Institutionen und Denkweisen unter Druck geraten und einem Umdenken beziehungsweise politischen Umsteuern Platz machen. Die Rückkehr der Geopolitik und die (versuchsweise) Abkehr von fossilen Energieträgern sind hier genauso zu nennen wie die wachsende Kritik am westlichen Wachstums- und Wohlstandsmodell oder der Streit um die richtige Einwanderungspolitik. Allerdings zeigen diese Beispiele auch, dass gerade in Krisenzeiten etablierte Routinen, Denk- und Verhaltensweisen ein hohes Beharrungsvermögen haben.

Natürlich kommt der Druck, den die gegenwärtige Gesellschaft erlebt, nicht nur von außen, in Gestalt neuartiger Risiken oder anhaltender globaler Konflikte. Dieser Druck resultiert auch aus der gesellschaftlichen Erwartung, dass – frei nach Max Weber – sich alle Dinge im Prinzip durch Berechnen und technischen Fortschritt beherrschen lassen. Der typisch moderne Gestaltungs- und Steuerungsoptimismus verstärkt die Krisenstimmung. Man könnte vielleicht sogar sagen: Erst der feste Glaube daran, dass es für große Probleme auch große, zentral koordinierte Lösungen geben muss, ruft angesichts stetiger Enttäuschungen das Gefühl hervor, dass wir uns in einer permanenten Krisenphase befinden.

Die enge Verknüpfung zwischen Krise und Kritik spiegelt sich heute auf mehreren Ebenen. Zum einen erleben wir eine durch die Krise angeregte beziehungsweise radikalisierte Kritik. So haben sich im Klimastreit neue Aktions- und Protestformen entwickelt, um eine zögerliche Politik zum Handeln zu bewegen. In der Pandemie drehten sich viele Auseinandersetzungen darum, ob die Krise von der Politik richtig erkannt, gedeutet und mit den passenden Maßnahmen bekämpft wurde. Zum zweiten erleben wir, dass im Zuge dieser Konflikte die Kritik selbst in die Krise gerät. Eine gesteigerte Sichtbarkeit von Verschwörungsmythen, das Aufleben einer fundamentalen Wissenschaftsskepsis und ein gegen die »abgehobene« Elite gerichteter Hass in den sozialen Medien werden zum Stresstest für die demokratische Erwägungskultur und machen deutlich, dass Kritik keineswegs emanzipativ wirken muss.

Folgt man aktuellen Krisendiagnosen, so erstreckt sich die Krisendynamik nicht nur auf bestimmte Gesellschaftsbereiche (wie Gesundheit, Mobilität oder Migration), sondern auch auf den Kern des Sozialen, nämlich auf die Art und Weise, wie um Lösungen für diese Probleme gerungen wird und wer sich für diese Probleme zuständig fühlt beziehungsweise in diesen Auseinandersetzungen überhaupt Gehör findet. Hier werden – meist unter dem Titel »Polarisierung« – radikale politische Differenzen thematisiert, die aus neuen Ungleichheiten und differierenden Konfliktwahrnehmungen resultieren. Gerade der Streit um die richtige Corona-Politik hat gezeigt, welches Radikalisierungspotenzial freigesetzt wird, wenn sich akute Krisen in zähe, chronische Krisen verwandeln.

Zweifellos: Wir leben in kritischen Zeiten, wenn man darunter das weit verbreitete Gefühl versteht, dass viele Selbstverständlichkeiten auf dem Prüfstand stehen, sei es auf der Ebene von Identität, Zugehörigkeit und individueller Lebensplanung, sei es mit Blick auf die gesellschaftlichen Naturverhältnisse, den soziotechnischen Wandel (Digitalisierung) oder die Zukunft der Demokratie. Ob diese Krisen tatsächlich zu einem Wendepunkt führen, also so etwas wie einen Epochenbruch einleiten oder aber die Beharrungskräfte überwiegen, ist allerdings offen. Dazu müsste die Soziologie bestimmen, inwiefern zentrale Institutionen und Funktionsbereiche der Gesellschaft tatsächlich in ihrer Funktion eingeschränkt sind oder einem tiefgreifenden Wandel unterliegen.

Auf diesem ÖGS-Kongress wird daher ergebnisoffen zur Diskussion gestellt, welchen Erklärungsgehalt die plakative Redewendung von den kritischen Zeiten für die gegenwärtige Konstellation hat, welche Entwicklungen als ernsthafte Belastungsprobe für die Gesellschaft zu werten sind und welche Entlastungskonstruktionen gefunden werden. In einer Reihe von Plenarveranstaltungen, Ad-hoc-Gruppen und Sektionsveranstaltungen soll der soziologische Gehalt der gesellschaftsdiagnostisch orientierten These einer Zeitenwende zur Diskussion gestellt werden.

Wir freuen uns, zwei herausragende Repräsentant:innen unseres Fachs für die Festvorträge ankündigen zu dürfen: Michaela Pfadenhauer (Universität Wien) und Andreas Reckwitz (Humboldt-Universität zu Berlin). Mehr Informationen finden Sie unter:

https://oegs.ac.at/kritische-zeiten-oegs-kongress-2023/

Karl Beck, Braunschweig

Dr. Julia Böcker, Leuphana Universität Lüneburg, Fakultät Kulturwissenschaften, Institut für Soziologie und Kulturorganisation, D-21335 Lüneburg, Universitätsallee 1, E-Mail: boecker@leuphana.de

Prof. Dr. Heinz Bude, Universität Kassel, FB 05 Gesellschaftswissenschaften, Nora-Platiel-Straße 1, D-34127 Kassel, E-Mail: bude@uni-kassel.de

Rebekka Marie Bürkert, Geschäftsstelle der Deutschen Gesellschaft für Soziologie, c/o Kulturwissenschaftliches Institut Essen, Goethestraße 31, D-45128 Essen, E-Mail: rebekka.buerkert@soziologie.de

Dr. Stephan Hein, Technische Universität Dresden, Institut für Soziologie, D-01062 Dresden, E-Mail: stephan.hein@tu-dresden.de

Dr. Andreas Höntsch, Technische Universität Dresden, Institut für Soziologie, D-01062 Dresden, E-Mail: andreas.hoentsch@tu-dresden.de

Dr. Katharina Hoppe, Goethe-Universität Frankfurt, Fachbereich 03 Gesellschaftswissenschaften, Institut für Soziologie, Theodor-W.-Adorno-Platz 6, D-60323 Frankfurt am Main, E-Mail: k.hoppe@em.uni-frankfurt.de

Nils Köhler, Braunschweig

Prof. Dr. Martin Kohli, E-Mail: kohli@kohlifoundation.eu

Nicolas Kropp, Braunschweig

Dr. Hannah Pool, Max-Planck-Institut für Gesellschaftsforschung, Paulstraße 3, D-50676 Köln, E-Mail: hp@mpifg.de

Prof. Dr. Ilka Quindeau, Zentrum für Antisemitismusforschung, Technische Universität Berlin, Kaiserin-Augusta-Allee 104–106, D-10553 Berlin, E-Mail: ilka.quindeau@t-online.de

Dr. Oliver Römer, Georg-August-Universität Göttingen, Institut für Soziologie, Platz der Göttinger Sieben 3, D-37073 Göttingen, E-Mail: oliver.roemer@sowi.uni-goettingen.de

Viktoria Schnur, Braunschweig

Prof. Dr. Gerhard Schulze, Universität Bamberg, Fakultät Sozial- und Wirtschaftswissenschaften, Feldkirchenstraße 21, D-96045 Bamberg, E-Mail: gerhard.schulze@uni-bamberg.de

Oliver Römer
»Wir Verfassungsfeinde«

Am 28. Januar 1972 traten die »Grundsätze zur Frage der verfassungsfeindlichen Kräfte im öffentlichen Dienst« in Kraft. Das Anliegen dieses Beitrags ist es, eine zumindest vorläufige historisch-soziologische Standortbestimmung der westdeutschen Soziologie im Spiegel dieses »Radikalenerlasses« zu geben. Um zu verstehen, wie sich der Erlass auf das Feld der Sozialwissenschaften in der Bundesrepublik ausgewirkt hat, gehe ich zunächst kurz auf die gesellschaftlichen Auseinandersetzungen dieser Zeit ein und beleuchte anschließend die Situation der westdeutschen Soziologie sowie die Rolle der DGS etwas näher. Abschließend werden die Berufsverbotspraxis und ihre Folgen für das sozialwissenschaftliche Feld in der Bundesrepublik anhand von einigen exemplarischen Fällen konkretisiert.

On 28 January 1972, the »Principles on the Question of anti-constitutional forces in the public service« came into force. The aim of this article is to provide at least a preliminary historical-sociological assessment of West German sociology in the light of this also so-called »Radikalenerlass«. In order to understand how the decree affected the field of social sciences in the Federal Republic, I will first briefly discuss the social conflicts of the time and then take a closer look at the situation of West German sociology and the role of the DGS. Finally, the practice of prohibiting professions and its consequences for the social science field in the Federal Republic of Germany will be illustrated by means of a few exemplary cases.

Katharina Hoppe
Öffentliche, parteiliche, positionierte Soziologie

Der Beitrag nimmt die jüngere Konjunktur der Diskussionen um eine Politisierung von Wissenschaft und Soziologie angesichts der Diagnosen eines »postfaktischen Zeitalters« zum Ausgangspunkt, um über soziologische Antworten auf die (wissenschafts-)politische Gemengelage nachzudenken und zum neu einsetzenden Selbstverständigungsprozess innerhalb der Disziplin beizutragen. Ziel ist die Profilierung eines Verständnisses positionierter Soziologie, das aus einer kritischen Diskussion der Angebote öffentlicher und parteilicher Soziologie gewonnen wird. Positionierte Soziologie nimmt poststrukturalistische, identitätskritische Impulse auf, um ein Wissenschaftsverständnis zu stärken, das seinen Ausgangspunkt in Verortungsleistungen nimmt. Dies ist insbesondere vor dem Hintergrund der Verkürzung des Motivs der Positionierung auf identitäre Marker erkennender Subjekte und damit einhergehende Verunglimpfungen von Forschung als »Identitätspolitik« von besonderer Bedeutung.

This article takes the recent flourishing of discussions about a politicization of science and sociology in view of the diagnoses of a »post-truth age« as a starting point to reflect on sociological responses to the (scientific-)political constellation and to contribute to the newly emerging process of deliberating the self-conception of the discipline. The aim is to profile an understanding of positioned sociology that is derived from a critical discussion of the offerings of public and party sociology. Positioned sociology takes up poststructuralist, identity-critical motives in order to strengthen an understanding of science that takes its starting point in situatedness. This is particularly important in light of the reduction of the concept and practice of positioning to identitarian markers of knowing subjects and concomitant denigrations of research as mere »identity politics«.

Gerhard Schulze
Learning by Doing im Beruf

Soziologie als Wissenschaft steht einer stark gewachsenen Nachfrage gegenüber, der die Ausbildung an den Universitäten nicht gerecht wird. Woran es mangelt, ist die Vorbereitung auf die Kommunikation in Kontexten jenseits der soziologischen Fachöffentlichkeit, beispielsweise in Talkrunden, Beratung, Marktforschung, öffentliche Diskussionen, Erwachsenenbildung oder Vorstandssitzungen. Im Vordergrund steht dabei der Bedarf an aktueller Beschreibung: »Was tun wir eigentlich gerade?« Seitens der so gefragten Soziologinnen und Soziologen kommt es dabei auf spontane Artikulationsfähigkeit an, auf Dialektik im Hier und Jetzt, auf öffentliches Reden ohne schriftliche Vorbereitung und auf alltagstaugliche Verständlichkeit. Als dafür geeignete Form rhetorischer Schulung eignen sich »Debattierseminare« zu aktuellen Themen

Sociology as a science must face an increased demand for which study on universities doesn't come up. This gap in sociological education concerns the preparation for communication in contexts beyond the academic sphere, for instance roundtables, consultation, market research, public discussions, adult education, or board meetings. On such occasions the central interest is focused on actual description: »What are we really doing?« Confronted with questions of this type, sociologists must be able to answer spontaneously, to come up with dialectical argumentation, to talk in public without being prepared, and to speak understandably. An adequate form of rhetoric training for such situations are seminars in which actual themes of public discourse are debated.

Hannah Pool
Grenzen, Gefahr und Geld

Flucht ist teuer: Zwischen 4.000 und 20.000 Euro kann es kosten, von Afghanistan nach Deutschland zu fliehen. Auf der Flucht ist Geld ein Mittel zur Bezahlung und Bestechung, aber es definiert auch Beziehungen als Schuldenverhältnis, Geschenk oder Spende. Um die wirtschaftlichen Interaktionen und sozialen Beziehungen zu untersuchen, die es Menschen ermöglichen, Geld für ihre Flucht zu verdienen, zu verleihen, zu tauschen und auszugeben, habe ich Menschen auf ihrer Fluchtroute von Afghanistan nach Deutschland im Iran, in der Türkei, in Griechenland und entlang der Balkanroute ethnografisch begleitet. Die Beziehungen zwischen Flüchtenden und ihren Familien, Freund:innen, Schleusern, aber auch Grenzbeamt:innen und humanitären Akteur:innen stehen im Vordergrund dieser Untersuchung. Die Moralökonomie bildet den theoretischen Rahmen für die Analyse.

Fleeing is expensive: It can cost between 4,000 and 20,000 Euros to flee from Afghanistan to Germany. On these undocumented migration trajectories, money is a means of payment and bribery, but also debt relationship, gift or donation. To investigate the economic interactions and social relations that enable people to acquire, borrow, exchange, and spend money, I accompanied people on their undocumented migration trajectories from Afghanistan to Germany in Iran, Turkey, Greece, and along the Balkan route. The relationships between refugees and their families, friends, smugglers, but also border officials and humanitarian actors are in the foreground of the investigation. Theoretically, the concept of the moral economy provides the framework for this analysis.

Julia Böcker
Soziologie des Schwangerschaftsverlusts

Die Studie geht der Frage nach, unter welchen Voraussetzungen es gesellschaftlich als legitim gilt, Schwangerschaftsverluste als Tod und Verlust eines Kindes zu deuten und zu behandeln. Im Ergebnis der qualitativen Untersuchung steht ein stufenförmiges Modell der Verlustkonstitution, das drei Dimensionen integriert: Körperliche Materialität, (Nicht-)Leben und Personalität. Intersubjektiv anerkannt ist die Deutung vom Verlust eines Kindes im Rahmen von Schwangerschaft und Geburt nur, wenn dieser in jeder Dimension plausibel gemacht werden kann. Der Beitrag entwirft eine soziologische Perspektive auf Schwangerschaftsverluste und zeigt empirische Erträge sowie theoretische Anschlussmöglichkeiten.

The study investigates under which conditions it is socially considered legitimate to interpret pregnancy losses as the death and loss of a child. The qualitative analysis results in a model showing how baby loss is constituted along three dimensions: organic materiality, (non-)life and personhood. Pregnancy loss is socially acknowledged as a baby loss only when it is made accountable in all dimensions. The article develops a sociological perspective on pregnancy loss and provides empirical and theoretical insights for further research.

Bitte berücksichtigen Sie folgende Hinweise zur Textgestaltung:

Verwenden Sie *Fußnoten* nur für inhaltliche Kommentare, nicht für bibliographische Angaben. Geben Sie *Literaturhinweise im Text* durch Nennung des Autorennamens, des Erscheinungsjahres und ggf. der Seitenzahl in Klammern. Zum Beispiel (König 1962: 17).

Bei *bis zu drei Autor:innen* geben Sie alle Namen an und trennen durch Kommata; bei *mehr als drei Autor:innen* ergänzen Sie den ersten Namen um »et al.«. Kennzeichnen Sie *mehrere Titel pro Autor:in* und Erscheinungsjahr durch Hinzufügung von a, b, c … (König 1962a, 1962b).

Mehrere, aufeinander folgende Literaturhinweise werden durch Semikolon getrennt (König 1962: 64; Berger, Luckmann 1974: 137)

In der *Literaturliste am Schluss des Manuskriptes* führen Sie alle zitierten Titel alphabetisch nach Autorennamen und je Autor:in nach Erscheinungsjahr (aufsteigend) geordnet auf, bei mehreren Autor:innen alle namentlich durch Schrägstrich getrennt nennen. Geben Sie Verlagsort und Verlag an.

Bücher: Luhmann, Niklas 1984: Soziale Systeme. Grundriss einer allgemeinen Theorie. Frankfurt am Main: Suhrkamp.

Zeitschriftenbeiträge: Müller-Benedict, Volker 2003: Modellierung in der Soziologie – heutige Fragestellungen und Perspektiven. SOZIOLOGIE, 32. Jg., Heft 1, 21–36.

Beiträge aus Sammelbänden: Lutz, Helma 2003: Leben in der Twilightzone. In Jutta Allmendinger (Hg.), Entstaatlichung und soziale Sicherheit. Opladen: Leske + Budrich, 254–266.

Internetquellen: Stark, Philip B. / Freishtat, Richard 2014: An Evaluation of Course Evaluations. ScienceOpen Research, doi: 10.14293/S2199-1006. 1.SOREDU.AOFRQA.v1.

oder Steffen, Wiebke 2003: Polizeilich registrierte Gewalttaten junger Menschen: Grund zu Furcht und Sorge? Sozialwissenschaften und Berufspraxis, 26. Jg., Heft 2, 135–148. https://nbn-resolving.org/urn:nbn:de:01 68-ssoar-38044, letzter Aufruf am 27. April 2021.

Im Literaturverwaltungsprogramm *Citavi* können Sie unseren *Zitationsstil* *»Soziologie – Forum der Deutschen Gesellschaft für Soziologie«* nutzen. Fügen Sie Ihrem Manuskript bitte eine *deutsche* und eine *englische Zusammenfassung von maximal je 15 Zeilen*, sowie *Name, Titel* und *Korrespondenzadresse* bei. Schicken Sie Ihren Text bitte als .docx, .rtf oder .odt per E-Mail an die Redaktion der SOZIOLOGIE: soz-red@sozio.uni-leipzig.de.

Für *Berichte aus den Sektionen* beachten Sie bitte, dass der Text 7.500 Zeichen (inkl. Leerzeichen) nicht überschreiten sollte.

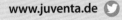

Sören Altstaedt, Benno Fladvad,
Martina Hasenfratz (Hg.)

Praxis und Ungewissheit

Zur Alltäglichkeit
sozial-ökologischer Krisen

2022. 219 Seiten. € 30,–
ISBN 978-3-593-51521-2

Der Klimawandel, das Artensterben,
globale Migrationsbewegungen und
zunehmende politische Gewalt zeugen
von den multiplen Krisen des Anthro-
pozäns. Diese Krisenhaftigkeit macht
Ungewissheit mehr denn je zu einer
Grundbedingung des Zusammenlebens und stellt sowohl bestehende
Mensch-Natur-Verhältnisse als auch
unsere Vorstellung von Zukunft als
linearer Fortschritt grundlegend in
Frage. Dieses Buch versammelt
Beiträge, die sich aus einer praxis-
theoretischen Perspektive mit dem
Spannungsfeld von umkämpften
Zukünften und Ungewissheit vor dem
Hintergrund der Allgegenwärtigkeit
sozial-ökologischer Krisen auseinan-
dersetzen.

Andreas Langenohl, Katrin Lehnen,
Nicole Zillien (Hg.)

Digitaler Habitus

Zur Veränderung literaler Praktiken
und Bildungskonzepte

2021. 299 Seiten. € 34,95
ISBN 978-3-593-51425-3

Dieser Band erkundet in einem interdisziplinären Zuschnitt, inwiefern das
Habituskonzept auch im digitalen
Bereich als explanatorische Kategorie
für die Theoriebildung wie auch empirische Ansätze fruchtbar gemacht
werden kann. Der Fokus liegt auf der
Analyse von Lern- und Bildungskon-
texten. Im Zentrum stehen Formen der
Selbstpräsentation in digitalen Medien,
die digitalen Fähigkeiten verschiedener
Gruppierungen sowie die Wechsel-
wirkungen des Digitalen Habitus mit
literalen Praktiken.

campus.de

campus

Frankfurt. New York